スター
サロンスター
神田名物
女店員募集
未経験者歓迎
経験者優待ス
幸楽
味噌汁
ご飯
きつねうどん
玉子丼
天丼
親子丼
ライスカレー
かつ丼
カツライス
幸楽ランチ
話題のサロン
サロン
スター

戦後史記 I

山極圭司

創英社／三省堂書店

目次

戦後史記 I

昭和二十年（一九四五）……………………………………… 1

八月六日、広島に原爆が落とされ、八日、ソ連が日本に宣戦布告、九日、長崎にまた原爆が落とされた。一五日、敗戦の詔勅を聞いて私は号泣した。東北の高清水で、戦禍を避けていた特別操縦見習士官の一員としてのんびり暮らしていた生活は、それ以来一変した。

昭和二十一年（一九四六）……………………………………… 37

日本国の最高権力者はマッカーサー元帥で、かつての戦争指導者は捕えられ、長く牢獄にいた共産主義者たちは活動していた。私は大学を受験して国文学科に入学したが、主な関心事は生きること、仕事をさがすことで、米軍の日やとい労務者になったこともあった。

昭和二十二年（一九四七）……………………………………103
共産党などが支援して、二月一日に決行しようとした全官公庁ストは、マッカーサーの命令で中止され、四月の総選挙では社会党が一四三人当選、首班の片山哲の内閣が出現した。六月に母が死んだ。独立への道を求めて、年末米軍のCCDでのガード役、夜間警備の仕事についた。

昭和二十三年（一九四八）……………………………………163
元旦からCCDに出勤。かなりの金がはいるようになったので、時に酒を飲み、よく本を買った。四月からは関東女学院の講師になった。六月には古本屋で「有島武郎全集」を七百五十円で買った。大学卒業論文でキリスト教徒有島を……と考えていたのである。

戦後史記 I

昭和二十四年（一九四九）……203

一月の総選挙で共産党が三五議席を獲得した。五月、ソ連が日本人捕虜の引き揚げを再開した。私は大学を卒業したが、大学院に進むべく職を求めて目黒学園の講師になった。国鉄関係の労使対決激化の中で、七月、下山事件、三鷹事件、松川事件が相ついだ。

昭和二十五年（一九五〇）……241

六月、北鮮軍が韓国に侵入、アメリカは韓国援助にのり出す。マッカーサーは日本でのレッド・パージを強めた。七月に笹淵友一著の『北村透谷』が出て共感、私は笹淵先生をたずね、その結果プロテスタント史研究会などとの縁もできた。

昭和二十六年（一九五一）……279

朝鮮戦争に中共が介入、マッカーサーが解任されて日本を去った。九月、サンフランシスコで対日講和会議が開かれ、講和条約と日米安全保障条約が調印された。私は目黒学園でクラス担任を頼まれて、半年ほど経験。木下尚江研究の完成を決意した。

昭和二十七年（一九五二）……315

正月から「木下尚江伝」に取りくみ、また前年出た『原爆の子』を読んだ。そしてデパートでオーバーを買った。「これで身なりは一通り人なみとなったわけ」と日記に記した。スターリンはその正月、「外国に占領された日本の苦痛に深甚なる同情を禁じ得ない」との日本国民へのメッセージを発表した。

戦後史記 I

元旦に「木下尚江の生涯」という一文を書きおえた。そのうち「伝」を出そうと思っていた。都立高校の教職をさがそう。そして結婚をしよう、とも思った。三月五日にスターリンが死んだ。二七日、去年誕生したばかりの都立北高につとめることがきまった。

序

私が日記をはじめて書いたのは、昭和九年（一九三四）である。一月一日、「おめでとうをして、おぞうにをいただきました。学校へ式にいって、おかしをもらってかえりました」とある。三月一日には「今日、まん州国のこうていがおくらいにおつきになりました」という記事がある。

その三月の二十三日に九歳の誕生日を迎えた私は、四月から小学校の四年生になり、十二月三十一日までの一年間、ただ一日をのぞいて日記を書き続けた。日記が欠けているただ一日というのは五月三十一日で、その前日に「今日七時に東郷元帥が御なくなりになりました」という記事がある。九歳の私は八十七歳の英雄を慕っていたのである。

その翌年昭和十年から十三年までの四年間は私の日記がない。また日記を書き出したのは昭和十四年（一九三九）だった。私は東京府立九中の生徒で、日中戦争のさなかであった。十六年十二月には大東亜戦争が勃発する。十七年、私は水戸高校に合格、入学したが、間もなく戦況は傾き、志願して陸軍航空隊の一員となり、昭和二十年八月の敗戦を迎えた。私は号泣したが、無事に家に帰った。

苦しく悩ましい戦後の生活の中、古い日記を読み直し、考え直し、しらべ直して、一冊にまとめ『昭和史記Ⅰ　黒い雲への道』と名づけて自費出版したのが昭和四十八年十二月だった。続けて昭和十七年から二十二年までの敗戦前後の日記を主にした書『青春の戦史戦後史』を出版した。それが昭和五十一年二月。私は都立高校の教師をつとめていた。多忙だった。日記を書けないこと、書かないことも多かった。が、習慣も根強く、かなりの日記を書き残した。そしてある時、その日記を主とした庶民の戦後史をまとめてみたいという思いが浮かび、多少の試みもしてみたが、年をとるにつれて進みもおそく、どこまで行けるか、おぼつかないが、とにかく今、戦後史記の一を出すことになったのである。

昭和二十年（一九四五）

昭和二十年八月十四日は私にとってどんな日であったか、記憶も記録も残っていないが、たぶん例によって四壇原あたりで作業に汗を流した平凡な一日だった。その日、日本の歴史は大きく転換していたのである。

宮中で御前会議が開かれたのは、午前一〇時五〇分ごろ。鈴木貫太郎首相に指名された阿南陸相が、米国の回答では国体の護持がおぼつかないので、ぜひ再照会をし、もしきかれなければ戦争を続けるべきであると思います、との意見を述べた。続いて梅津参謀総長、豊田軍令部総長が指名されて、ほぼ同じ趣旨の発言をすると、鈴木首相は「反対の意見をのべるのは、これだけでございます」と言って、そのあと天皇が終戦の断を下したのである。「じぶんの身はどうなってもよいから、国民のいのちを助けたいと思う。」「このさい、わたしにできることならなんでもするつもりでいる」と。（迫水久常『大日本帝国最後の四か月』）

列席者はみんな泣いた。「忍び声を止めもせず声をあげた」と下村海南『終戦秘史』は伝えている。午後一時から閣議が開かれ、決定書の署名と終戦の詔書の草案をめぐっての審議とがおこなわれた。詔書が公布されたのは午後一一時、ただちに連合国にも伝えられ、日本は正式に降伏した。しかし混乱を恐れた政府は、国民に対しては天皇の放送によって事を伝えることにした。私は知らなかった。たぶんぐっすりねむっていた。昼の労働でつかれていたし、高清水の夜は涼しく、いつも消灯になればすぐねむった。ねむっている間に日本は降伏し、天皇の詔書録音がおこなわれ、畑陸軍中佐らの抵抗派は近衛師団長森中将を殺し、指揮する部隊は宮内省に乱入して詔書の録音盤をさがしまわり、阿南陸相は大罪を謝し奉るとの遺書を残して割腹自殺し、鈴木首相邸と平沼枢密院議長邸とは佐々木大尉のひきいる数十名の兵士および数十名の横浜高工の学生たちに焼きはらわれる、と言った諸事件がおこっていたのである。またその夜、熊谷、高崎などが米機の空襲を受け、熊谷は町の七四パーセントを焼き尽くされた。そんなことごとを何も知らず、記憶にも残らぬ朝が明けた。関東地方では、早朝から米艦載機の襲撃があったが、東北地方の高清水では無事平凡な朝であった。

その十五日、私の記憶に残ったのは、まず午前中におこなわれた剣道のけいこである。天皇の放送があるというので、作業が中止になり、営庭での剣道のけいこになった。天皇の放送と聞いて、緊張していたこともたしかである。異常なことであった。事態の深刻さをあらためて痛感した。剣道がおわって、汗をふいて、緊張した何かおごそかな気分で正装をし、国民学校の校庭に集合した。太陽が輝いていた。天皇の放送は、正午から始まった。

「ちん深く世界の大勢と帝国の現状とにかんがみ非常の措置を以て時局を収拾せむと欲し……」

ラジオは雑音がはいって聞きとりにくかったが、何がおこったかは、すぐわかった。私は気をつけの姿勢のままで泣き出した。負けたのだ。ついにだめだったのだ。あちこちから嗚咽の声がもれた。「時運のおもむく所、堪えがたきを堪え、忍びがたきを忍び……」私は、はばからず号泣した。放送がおわって、壇上に立った隊長石川大尉を注視した。何を言うだろう。ところが彼は「わかれ」と言っただけであった。挙手の礼がおわるや否や、私は軍刀をにぎってかけ出していた。まっ先に兵舎にかえると、土足のまま二階にかけ上って軍刀を抜いた。その時の心理は、説明がむずかしい。死ぬべきではないか、という声はたしかに聞いたが、強い声ではなかった。平静ではなかった。が、激情と言ったものもなかった。やがて仲間が階段を上ってくる音がして、私はあわてて軍刀をさやにおさめた。靴もぬいだ。そして泣いた。声を出して泣いたが、実は妙にさめていたし、さめていることが心外だった。ただこれまでの苦痛を思うと悲しみがこみあげた。すべてを捧げつくしたのに、とくり返し思っては、泣き続けた。

翌十六日に書いた文章がある。学科ノートの鉛筆書きの文字の上にペンで書いたものである。

◇

もはや何ともいうすべを知らない。皇国に無条件降伏ということがあり得ようとは、今の今まで信じられなかった。昨日の一二時。嗚呼全く夢の様だ。だが現実は、我等の敗北なのだ。万感は迫って言う所を知らぬ。この現実を正視することは、到底堪えられる事ではない。

出来るだけ考えるまい。このままぼうっと時を過ごそう。静かに新たなる生命が、逞しい意志が再びもり上ってくるのを待っていよう。私の五体に高鳴る若さの力を信じつつ、来るべき運命を待とう。今となっては、ある運命の方向が指示されない限り、軽薄なる妄動をいましめねばならない。

今はもっとも呑気な事を考えるべき時だ。かつてフィヒテが「ドイツ国民に告ぐ」に論じた見解を今一度検討してみる必要がある。これからの政治、経済を担当する人達は、思っても戦慄すべき苦難の重荷を負わされる。国家百年の計の為にのがれられざる犠牲である。しかし私には私のつとめがある。来るべき秋に十全の力を尽くす為に、しばらくは、臥龍静かに実力と態勢とをととのえるのだ。あせってはならない。行くべき道を、長い眼を以て凝視しよう。

◇

歴史は転換したが、宮城県北の高清水では平穏な時間が流れていた。炎天下の作業が突然中止されて、無為の日日に変わった。朝、勤務者が一日の予定を聞きに行くと、上官は「沈思黙考」という。それきり彼等は見まわりにも来なかった。

内地にいたというのが私たちの幸運であった。やがて満州に移って操縦演習が再開される、といううわさが流れていたが、もし満州に移っていたら、運命は全く違ったものになっていただろう。そこでは、一つの国家が崩壊した。

満州国政府首脳が、皇帝の退位と国家の解体をきめたのが十七日夜。夜明け前には彼等はみな逃げ去って、とり残された皇帝は日本に亡命しようとしたが、十九日、奉天空港でソ連軍に捕えられた。

ある日、師団通信にはいった情報なるものが伝わった。重慶軍が仙台に空輸されてくる。東北の各部隊は、仙台に集結して武装を解除され、捕虜になって重労働に従う、というのであった。誰がどこから聞いてきた情報なのか明らかでなかったが、隊内はたちまち騒然となった。私たちの間には、火がつけば燃え上る共通の強い感情があった。すなわち捕虜になるのはまっぴらだ、という感情であった。そしてまた隊の上官たちに対する不信であった。――彼等は逃げる用意をしているぞ。荷物をこっそり運んだそうだ。おれ達だけを捕虜にするつもりだぞ――と、うわさが飛びかい、疑念がうずまき、部隊を解散すべきだとの声があがり、みんな荷物をまとめ始めて集団脱走ともなりそうな勢い。その中で中隊長に交渉してこようと代表役を買って出た連中が、石川大尉の宿舎に出かけて行った。間もなく石川大尉があたふたとかけつけてきた。全員が一堂に集まって、すでにうす暗くなった中で隊長訓示を聞く。石川大尉は、何時もの威厳ある態度でこう言った。おれは絶対に捕虜にはならないし、貴様たちも捕虜にはしない。敵軍がきたら、一緒に突っこもう――と。訓示がおわった途端に質問の手が何本も上った。かつてなかったことである。質問は、きびしかった。では、御詔勅にそむくのですか。天皇陛下は、堪えがたきを堪えよと仰せられました。石川大尉はたちまち壇上で絶句した。陸士出身の若い大尉は、涙を流してしばし無言で立ちすくみ、やがてともかく最後まで命令に従って行動してくれ、と訴えることができただけであった。私たちは一年三カ月前に特別操縦見習士官第三期生として出発したが、戦況の悪化のため操縦演習を中止され、多少の操縦技術とも無縁の各地を転々、ついに東北で待機することになったという妙な運命の持主だった。

その夜の点呼のあと、区隊長は私たちの寝室をうろつきまわった。しかし彼が引きあげたあとで、二人の仲間が脱走した。その二人は、しばらく前から近くの民家に頼んで米や塩をたくわえていたという。私はその日頃将棋などをしてのんびり時間をつぶしていたので、その間にひそかに準備をととのえていた周到さ、大胆さに感心した。

自分のうかつさを反省もした。とにかくその夜私たちは、先発隊を送るようなつもりで固く握手して二人の脱走者と別れた。

二人の脱走を区隊長らが知ったのは、翌朝の点呼であった。朝食後すぐ区隊全員が捜索に出された。区隊長は一人ひとりに昼食用の米をくばって、何とか二人をさがし出してくれ、と拝まんばかり。隊長にしても、区隊長にしても、ただ軍規にすがることしかできない人びとなのだ、と私は思い知った。彼等を信頼してはいられない。自分で判断し、自分で行動しなければならない。いずれ適当な時機を見て、脱出しなければならないだろう。彼等は必死になって阻止しようとするだろうが、いざとなったら斬って行くのだ——と私は覚悟した。

その日、炎天下を歩きまわって、夕刻隊に帰ると、以前私たちの区隊長をつとめ、しばらく前に参謀本部に転勤した相良少尉が待っていた。私たちを思い、とくに上司にお願いしてかけつけてきた、ということだった。相良少尉は、特別な区隊長だった。一高、東大出身の有能、熱心な将校で私は、特別な関係を結んだ。その年の四月か五月のある日のこと、私は相良区隊長に呼ばれて「この中に上官誹謗の意図はないか」と問われたのは、私の修養録のある日の記事であった。匍匐訓練をやらされた時の指導教官の態度を憤った文章だったが、私もすでに軍隊の要領に慣れていたから、直接的な表現はせず、部下を持った時、よく注意しようというような自省の形で書いた記事であった。相良区隊長は、その奥にこめられた私の気持を責めてきたのである。上官に対する態度がまちがっているという。納得がいかなかった。上官を批判し、それを自己の修養に役立てることが、どうして悪いのか。区隊長の前にたぶん一時間以上も立ったままで、昼食の時間がきた。相良区隊長は一冊の雑誌をとり出して、その中の一論文を示し、午後はこれを読んでわかるまで考えろ、と命じた。「臣道感覚に就いて」という題で、明治天皇の御製がたくさん引用され、またカントやヘーゲルやヴントやの名が出てくる長論文であった。その長論文を読んでいるうちに、ふと相良区隊長に黒表紙の手帳を見せようか、という考えが浮かんだ。その数日前、異様な内務検査があってその時の恐怖が残っていたのである。例によって念入りな清掃整頓をして待っていると、検査にはいってきた週番士官が、何と、「手帳を出せ」と命じたのである。その時私の黒表紙の手帳は上衣の内ポケットにはいっていたが、私は出さなかった。出せない。将校に見られたら、ただではすまない。週番士官ははじから一人一人の手帳をしらべて、流行歌など書いてあるのを読みあげたり、文句を言ったり、とりあげたりした。

「貴様、手帳はどうした?」

「自習室においてあります」

彼は私の上衣をさぐり、内ポケットのあたりを強くにぎりしめた。その大きな手が、たしかに手帳をにぎったが彼は気づかなかったのか、それきり何も言わずに次に移った。私のほかにもう一人、自習室にあります、と答えた者がいたが、彼はすぐとりにやらされて、結局私の寝室で手帳をしらべられずにすんだのは私一人だけだった。内務検査がおわって自習室に行ってみると、本棚まで全部かきまわされしらべられていた。こんな形の検査は、入隊以来はじめてだったし、何となく空気が不穏なことを私は感じた。その内務検査からしばらくして、相良区隊長に呼ばれたのだった。

私の黒表紙の手帳には、真実の思いを書き記してきた。本当の自分がそこにある。相良区隊長は、上官に対して心をむなしくしろ、という。おのれをすてろ、という。ひとつやってみようか、そう思いつくと、私は昂奮した。とにかく本当の自分がそこにある。それを区隊長に見てもらおう。こういう気になったのは、一高出の区隊長に対する信頼感というか、甘えというか、があったためだろう。また、もし万一まずいことになったとしても、ほかの将校に見つけられるよりはましなはず、という計算もはたらいたようである。かくて相良少尉は、私が軍隊生活一年の歴史を記録した黒表紙の手帳の唯一の読者となったのである。そして彼は、私を呼んで言った。「一言で言えば、危険思想である。将校たるにふさわしからざる考え方である」と。

黒表紙の手帳を焼かれてしまった後、私は私的な日記を書かなかった。きちんとした形の日記は書かなかった。その相良元区隊長を迎えて、区隊全員立ったままでの対話がおこなわれた。私たちの部隊解散論に対して、相良少尉はまず、命ぜられたらおれは捕虜になる、と断言した。衝撃だった。「生きて虜囚の辱を受けず」という「戦陣訓」の教えがある。ところが相良少尉は、「戦陣訓」の教えは戦陣のことであって、陛下のお言葉で戦争がおわった今では「戦陣訓」の役割はなくなったのだ、と言ったのである。この論理の前に私たちは沈黙した。そこで相良少尉は、状況を説明した。実際はわれわれが捕虜になる必要は全くないのだ、と。私たちは、すっかり安心した。

翌日私たちは、今度は真剣に逃走した二人をさがしに出た。もちろん見つかりはしなかったが、昨日までは周到、大胆な先覚者のように思っていた二人が、間のぬけたあわて者と化してしまった。このような悲喜劇は、各地でさまざまな形で演じられただろう。

集団自決の悲劇もあった。二十二日には東京の愛宕山で一〇人の若者が自決した。木戸内府をねらって果さなかった人びとで、警官隊に包囲され、手榴弾で爆死した。二十三日には皇居前で十余人が自決し、二十五日には大東塾の一四名が代々木の原で割腹した。

私たちは、おちついて解散の日を待った。保存食などの配給があった。営庭に大きな穴をほって書類などを焼却した。証拠を残すなとの命令で、私はまたもあれこれ迷った末、多少の書翰類を焼いた。修養録は一冊を残し、一冊を焼いた。そんな間に秋山という男は、町の誰かの役に立てばと言って、たがやしたきりになっていた四壇原の畑に野菜の種子をまきに行った。町の女性との交わりを深めた者もいたらしい。また仲間同士の記念文の交換が流行した。私は十数人に書いてもらった。

そのうちの一つ、長野県出身のNの文章を記しておこう。

◇

あの日の悲しみ、憤り、誓いを我々の周囲の多くの人々は既に忘れかけているのではなかろうか。あの時は涙を見せることが出来なかったけれども、いまだに、否、これからも永劫に深い悲しみから、憤りから抜け切ることが出来ない人々もいる。

偽りのない心の面に刻みこまれた沈痛なしわに依り、魂は生長するのではなかろうか。

孤高、君の良心の最高峰をうかがい得る者は唯君のみだ。君が〝日本国民に告ぐ〟る日を待ちつつ、苦難のドン底に〝マイン・カンプ〟の第一歩を踏み出そう。

◇

部隊解散は二十八日早朝であった。兵舎を出た私たちは、軍刀をさげた軍服姿だったが、舎前に立っていた石川区隊長に敬礼する者はいなかった。冷然たる別れであった。私達区隊の有志は、駅前の店の二階で相良少尉をかこんで別れの会をした。その時私は、相良少尉に記念の文を請うた。黒表紙の手帳の唯一の読者であり、その処刑者であった相良少尉は、次のように書いてくれた。

◇

ああ暁鐘寮の男よ。限りなき親愛の情を以てつきざるわかれをのぶ。山極よ、最もよく君の心を知るも、かにかくにノルムの世界。しかし今新日本は、とらわれざる強靱にして雄渾なる精神をよぶ。健闘をせよ。祈る。

◇

こんだ汽車に窓からのりこんだ。会津若松で下車して、水戸高校の友人菊地の家に荷物をあずけ、塩崎という男と二人で新潟県の奥地の塩崎の恋人の家に一泊した。東京の様子もわからず、不安だったからである。その二十八日、米軍機がはじめて厚木飛行場に着陸した。

翌日、私は塩崎を残して、一人で長野の親類をたずね、そこで塩崎を待ち、二泊か三泊かして静岡へ帰る塩崎と別れ、更に車中で一泊したので、東京に帰ったのは九月一日か、二日だった。

マッカーサー元帥が、日本進駐軍の第一陣をひきいて厚木に着いたのが八月三十日午後であった。厚木は特攻隊の訓練基地であり、天皇の放送後も司令以下徹底抗戦に燃えたった所である。そして日本軍は、関東平野だけで三〇万人が武装したまま健在だった。しかし何ごともおこらなかった。意外なほどに平穏な時間が流れたのである。

早朝東京に着いた私は、街の風景のあまりの変わりようにおどろいた。池袋で電車をおり、見渡すかぎりの廃墟の中に立ち、夢みる思いでしばらく歩いて、はじめて我が家が残っているか、どうか、と心配になった。祥雲寺坂下のあたりから家が残っていた。ほろび去った街にすぐ続いて、以前のままの街がひっそりとねむっていた。我が家の門の戸をはずむ思いでたたくと、たちまち中がさわがしくなって、玄関の戸をあけたのは次の弟だった。なつかしい家族一同に迎えられて、心が痛んだのは柱につかまった母のあまりのやつれよう。別人のような母であった。久しぶりの我が家の現実はきびしかった。食料は乏しい。着るものもない。母だけでなく、みんな疲れていた。私も休養を欲していた。軍隊生活一五カ月の疲労を重いものに感じてゆっくり休むつもりだったが、現実は、きびしかった。

九月二日が降伏調印式。東京湾に浮かんだ米戦艦ミズーリ号上、マッカーサー元帥は「この厳粛なる式典を機会として、過去の流血と蛮行からよりよき世界―信頼と了解との上に築かれる世界―人類の尊厳並に人類の最も希求する願い、即ち自由、寛容および正義の実現のために捧げられた世界が打ち樹てられることこそ余の最大の望みであり、更にこれこそ人類の望みでもある」（「朝日新聞」）

と声明した。日本代表重光外相、梅津参謀総長が降伏文書に署名し、そのあとマッカーサー連合軍最高司令官、各国代表が署名した。

日本は、明治以後手に入れた台湾、朝鮮などすべての植民地を失い、のみならず千島、樺太、小笠原、沖縄もきり離され、史上はじめて外国占領軍の統治下におかれたのである。新しい日本の統治者、身長一八〇センチ、鼻高くほりの深い顔、六五歳の将軍マッカーサーが、第八軍をひきいて東京に進駐したのは九月八日であった。真珠湾攻撃の日、ワシントンの国会議事堂の上にひるがえっていた星条旗が、アメリカ大使館にかかげられた。

私が水戸をたずねたのは、その八日以前のある日だった。八月に陸軍少尉になった私は軍服の上に軍刀もつって行った。母が早く荷物をとってきて、というので、会津若松の菊地家まで行く途中、たち寄ったのである。汽車をおりた時は思わず駅名を見なおした。水戸が空襲を受けたことは知っていたが、駅前に見た丘が驚きだった。前に並んでいた建物が焼けて、はだかの地形があらわれたのであった。ほとんど人気のない電車通りを行くと、駅前の旅館も泉町の柳の木も白十字も川又書店も西洋堂も、すべて消えてしまって、ただ道すじだけが以前のままだった。

母校は、講堂の鉄骨が夕空に残がいをさらし、木造の校舎本館は影もなかった。それだけに二年あまりのすみかだった七棟の暁鐘寮が以前のままの姿で立ち並んでいるのを見た感動は大きかった。寮の前で一人の二年生にあった。二年生は勤労動員に出たままだったが、たまたま帰って来ていたその人からいろいろ話を聞いた。深刻な話だったはずである。しかしなつかしさに胸をはずませた私には、実際にその現実に直面するまではほとんど何も通じなかったようである。彼と一寮に行き、一寮の一年生に集まってもらって、あいさつをした。そして一緒に寮歌を歌おう、というと、何と、寮歌は知らないという。それでは、と寮歌練習を始めたとたん、下の宿直室からものすごいどなり声がして、一年生の寮歌の声はたちまち消えようとする。「望月先生です」と先の二年生がささやいて出て行った。ただならぬ気配だったが、暁鐘寮のもと全寮長という気分に酔っていた私は、一年生をはげまして寮歌練習を続けさせた。間もなく二年生がもどってきて、「望月先生が呼んでいます」と困惑顔で告げる。

宿直室に行ってみると、いすにすわっていたのは、たしかに望月教授その人であった。しかし、それは私が知っていた望月教授とは、どこかひどく違った人物であった。私は陸軍少尉らしいあいさつをした。彼はおごそかにいすを勧めて「長の軍務、御苦労であった」と、その言葉、態度が異様だった。「皇国軍人としてほこをとり、神のみいくさに従いながら、志むなしく帰った心中を深く察する」。ゆっくりと抑揚をつけて教授は言った。そして続けた。「大詔を拝して、ひとたびは死を決したが、忽然と浮かんだのは、大詔の中の「神州不滅」の一語であった」と。また暁鐘寮の責任者たる地位を辞すべきであると考えて、校長に申し出たが、お許しを得なかったと語り続けて、教授は突然、私の心境を問うた。突然の問いにとまどっていると、大喝一声。「無断で暁鐘寮に侵入し、夜間厳禁の寮歌を歌うとは何事か」と頭ごなしにやられて、私も憤然とした。「夜間の寮歌が厳禁だとは知りませんでした。そうだとすれば、申しわけありませんでした。しかし、久しぶりでおとずれた先輩のちょっとした規則違反に対して、いきなりどなりつけるというのは、どんなものでしょうか」と。激論になった。望月教授は言った。「たとい一国の宰相が来ようとも、神聖な暁鐘寮の規則を犯すことは許さない」と。

結局私は、直ちに寮外に退去するように命ぜられ、その夜は五寮の一室にかくまわれて小さくなって寝た。翌朝の食事は、一年生が部屋まで運んできてくれた。その日、先の二年生と偕楽園に行ってみた。途中、A教授が自宅の焼けあとをほじっている姿を見た。長年集めた貴重な蔵書を失って、頭がおかしくなったのだという話だった。偕楽園は、好文亭も焼けていた。公園のあずまやまで焼けていた。

日本の社会は、虚脱していた。無為の時間が流れていた。そうした中で、マッカーサーは、東京進駐後ただちに戦犯の追及を始めた。第一人者は東条英機大将。昭和十六年十月首相、対米英戦争の最高指導者となり、十九年には参謀総長をかね、名実共に日本陸軍を代表する鋭利な人物であった。「生きて虜囚の辱を受けず」という「戦陣訓」は、彼が陸相時代に彼の名で出されたものであったが、彼は米軍が逮捕に来た時、ピストルで自殺をはかって死にきれず、病院に収容された。

それが十一日で、翌十二日、杉山元帥が第一総軍司令室で自殺した。八月十五日付の天皇に対する御詫言上書などを残していた。自宅で知らせを受けた啓子夫人は、ただちに仏間にはいって後を追った。みごとな最期であった。杉山はマッカーサーと同年の生まれ、東条より陸士で五期先輩、陸軍のあらゆる要職を歴任し、日中戦争勃発当時の陸相で、真珠湾攻撃当時は参謀総長。大事にのぞんで、常に楽天的で判断をあやまった。あるいは、そうだからこそ、陸軍の要職を占め続けることができたので、とにかく有能な組織人であった。刀剣を愛し、酒を好んだ。

十三日には、近衛内閣と東条内閣とで厚生大臣をつとめた小泉陸軍中将が割腹自殺をとげ、十四日にはもと文相橋田邦彦が服毒自殺、吉本陸軍大将も自決した。その日、賀屋もと蔵相ら五名が、米第八軍憲兵司令部に出頭した。十五日には、かつて比島からマッカーサーを追った本間中将らが出頭した。十六日付の新聞には、「比島戦における日本軍の典型的残虐行為」という太平洋米軍総司令部発表の報告書がのった。「本年二月中にマニラでは宣教師および修道僧等八十二名が殺された」「二月十日、マニラ南部のフィリピン赤十字社にいた患者は大部分女子供と避難民であったが、彼らはみな日本兵によって殺された」「タフト・アヴェニエの一住宅では四十五名の女の死体が発見されたが、この女達の大部分は暴行を受けており、そのうえ更に銃剣で辱しめられていた」等々。

◇

【軍隊の友人Nからの葉書。九月二十日付】

瀬峰の駅で別れてから二旬、どうやら無事、叔父の家に落着いた。特幹に行っていた弟も来、二年振りの再会を喜んでいる。父母のいる朝鮮が全く予断を許さぬ現状、なかば観念はしているものの、やはり未練は残る。考えようによってはむしろ天の与えたる試練なりと観じ、自分の手、自分の口、自分の足によりて独往の生活を営むべき好機とも云えよう。こう思いつつ尚頼るべからざるに頼るべき何物かの存在を幻想し、雄健なる第一歩を踏み出すに至らぬ自己を遺憾に思う。

新聞紙上に日々散見せらるること、誠に堪え難い気持で読んでいる。色々の責任が論ぜられ、ある者は自らの良心に於て自己に対し最も厳粛に責任を追究し償わんとしているが、尚あまりにも無恥無知なる同胞の多きを痛嘆する。戦争の責任、敗戦の責任に非ずして内面的道徳に於ける自責であるべきだと思う。第一に欲しいのは書籍だ。しかしみな朝鮮にある。早く読みたい。

◇

朝鮮は、三八度線をさかいにして、北部はソ連軍に、南部は米軍に占領された。日本の支配に抵抗してきた勢力が表面におどり出て、朝鮮建国準備委員会が作られ、代表者大会が召集され、「日本帝国主義者」と「朝鮮人裏切者」の所有する土地、産業、施設などの没収がきめられ、朝鮮人民共和国の成立が宣言された。それが九月六日であった。日本の三五年にわたる支配はおわり、神社は破壊されたが、しかし朝鮮建国の道も平坦ではなかった。

九月二十七日、天皇がマッカーサーを訪問した。新聞にはアメリカ大使館で、天皇とマッカーサー二人が少し間をあけて並び立った写真が掲載された。

◇

【手帳】

○スィッチをひねってカントを思えばヨ
おれのふとんにゃ、のみがいるよ
○三年なかず、とばず、ひたすら基礎的学問に没頭せん。
○なつかしい人達にあいたい。早く皆大学に帰ってくれればよいが。
○予は此処にまた全く予期せざりし一の現実に直面した。大学の科が哲学科となったこと、すなわち之である。もとより予が新日本文化への構想をえがく場合に、そこに哲学の研究が不可欠なるは言うまでもない。しかし私は私の言葉における哲学を欲するのであって、特に現代の意味における哲学は、一つの過重のような気がしてならない。特に予の教育に対する熱情は、いささか困難なる障害に逢着したと言わざるを得ない。が、それを別とすれば、ここにしばらく予のもっとも不得意とする学の途に、いささか強制的訓練を経ることも、あながち無用のことではないかも知れない。

◇

私は軍隊にいながら高校を卒業し、更に東大文学部に入学した。内申書だけで希望の学部に入学を許可されたのである。しかし学科はきまっていなかった。復学の届に、第一希望、第二希望を書かされた。その結果、第一希望の国文科は、満員でだめ、哲学科へまわれ、と言われたのである。

新学期は、たしか十月一日から始まった。その前日、九月三十日付の「毎日新聞」に哲学者三木清の獄死が報ぜられた。三木はこの年三月、友人高倉テルが警視庁の留置所から脱走してきたのをかくまったため検挙され、獄中でかいせんに感染し、かゆさに全身をかきむしって悶死した。一高から西田幾多郎をしたって京大哲学科に進み、昭和の始めごろからアカデミズムとジャーナリズムの間にまたがって旺盛な言論活動をした人物で、友人も少なくなかったが、獄中ではさし入れもなく、戦争がおわっても救い出そうとする者がいなかった。虚脱状態がつづいていた。共産党員たちは、府中の刑務所にいた徳田球一、志賀義雄ら十数名が、協力してかいせんの治療をしたり、解放の日にそなえて準備をととのえていた。

◇

【軍隊の友人塩崎の手紙。十月二日付】

お手紙ありがとう。ようやく落着いた所です。あれから大阪まで行って来ました。二四六戦隊も目茶目茶に叩かれていました。家は焼かれたが、父母弟無事。過去を捨てて人生再建に努力します。

父の白髪、やせていたには驚いた。君の言われることも想像できます。全く心配かけたと思います。生きて会えぬと思った父母に幸か不幸かまた会えたのですから、父母を大事に、最後まで生き残りましょう。また学校へ帰るでしょうね。小生も再出発の第一歩は、まず医者になるため高校からやり直そうと思います。死ぬべき生命、もうゆっくり大器晩成で行きます。

軍隊では同期生。年も上ですが、これからは君が先輩です。よろしく指導して下さい。入試の課目も不明、勉強すべき本もなし。いろいろ入学に関して兄の母校で聞いてくれませんか。また参考書も兄のお古をおゆずり下さい。とにかく小生は、過去を思わせるものは一つも残っていませんでした。衣類は軍服でとおしますが、本を焼かれたのが残念です。田舎では買えないし、困っています。よろしく頼みます。落着いてきたら一度上京したく思っています。兄もぜひ田舎へおいで下さい。

◇

その頃母校水高では、安井校長排撃の運動がおこっていた。中心になって指導したのは、河井先輩。昭和十三年（一九三八）水高に入学、病気で休学、四年にわたる闘病生活の後、十九年四月から復学したが、編入された文科二年の二組は日立の工場に動員され、病後の河井は図書館での自習を命ぜられ、水高に残されて安井校長の狂信的独断をさまざま見聞。敗戦後は、たびたび暁鐘寮に侵入、寮生教育に動き、また大学の先輩たちに働きかけた。そして十月三日、河井は数人の大学生と実行委員会の生徒を連れて文部省を訪ね水高関係のつてをたよって国民教育局長という要職にいた水高一回卒の柴沼直と会った。そこへ二回卒の赤城宗徳も加わり、河井は五日に上申書を提出し、校長辞職が成らなければ盟休にはいる、などの計画をうちあけた。大先輩たちはしばらく待て、と言った。

四日、宣言文の印刷ができた日、マッカーサーは日本政府に通牒を発し、思想警察および弾圧活動に関係する官吏の罷免、市民の自由を弾圧する法規の廃止、停止などを命じた。

翌五日、東久邇宮の内閣が総辞職、木戸内大臣は、後継首相として幣原喜重郎を推した。幣原は大正の後期から昭和のはじめにかけての日本の外交を背負い、「幣原外交」の名を残したが、満州事変以後は政界から疎外され、忘れ去られた存在になっていた。その老外交官に組閣の大命が下った六日、水高暁鐘寮の寮生代表および先輩十数名が文部省をおとずれた。『水戸高校闘争日誌』によれば、その時応待した三人の教学官は「終始官僚的態度を以てのぞみ」、「文教の事を司る官吏たるの態度、言動にあらず、支離滅裂」だったという。八日、九日は、水高に佐藤教学官を迎えて対談がおこなわれ、安井校長らの退陣はほぼ見通しがついたが、佐藤教学官の態度が問題を残した。のち小説「女のいくさ」で直木賞を受ける佐藤得二は、もと一高の生徒主事、橋田元文相に招かれて文部省に移った人物。高校生について知りつくしていただけに、かえって反発を買ったのだろう。

水高ではストライキ決行論と反対論が烈しくぶつかり合う中で委員会は崩壊し、強硬派の新委員会が成立した。水高の先輩で、安井校長らの直接の被害者だった梅本教授は、ストの名分が立たないと反対したが、十日午後一時に開かれた寮生大会はスト突入を決議。「声明書」はもっぱら教学官の態度を非難して、「文部省当局の責任ある釈明ある迄我等は同盟休校を停止せざるものなり」とむすんだ。戦後学生運動のさきがけとなった水高ストは、文部省の官僚主義を相手どって決行された。十一日、河井が起草した「再び声明す」という一文は、更にこの点を明確にした。曰く「吾等は形式的糊塗策を欲するにては断じて非ず。我々の衷心より希求するものは、実に高き道義心より発せる当局の誠実なる処置なり。厳たる敗戦の事実の前に吾等は如何に血涙を絞りたることか。而も猶ほ吾等はかかる小乗的官僚主義的糊塗策により青年学徒の純情を蹂躙せんとするが如き態度を眼前に今尚ほ見ざるを得ざりし現実を遺憾とするものなり。当局者の態度の中に、吾等は吾等が要求の実質的拒絶を見たり。吾等は此処に於て断乎として真実なる新日本の誕生を目指して起たざるを得ざるに到りき」と。

十二日、河井ら代表五人は文部省を訪れた。応待した剣木大学教育課長は、文教刷新への熱意を示し、教学官の態度に妥当性を欠くものがあったことを認め、新校長には真に高校長たるべき資質を持った人物を送ることを約束した。代表団は、この一課長の誠意を以て満足し、水高ストは解決した。水高生が新校長として一高教授独文学者関泰祐を迎えたのは十六日であった。

この間、九日に幣原内閣が成立した。外相は吉田茂が留任。文相も前田多門が留任した。

共産党の神山茂夫がその日釈放され、十日には、徳田球一、志賀義雄らが釈放された。徳田等は「人民に訴う」と題する声明書を発表し、天皇制の打倒と人民共和政府の樹立を訴えた。徳田と志賀とは、昭和三年以来一八年間を獄中で過ごした。彼等が捕えられた時、私は二歳だった。二歳だった私が二〇歳になるまで、彼等は獄中にいた。共産主義を守って獄中に生き、マッカーサーの指令ではじめて釈放されたのである。彼等の出獄は、戦後の日本における重要な出来事であった。が、当時の新聞はその意義を解さなかった。十一日付「朝日新聞」の関係記事は、一段見出しで「出獄者歓迎会——共産派の気勢」とした簡単なものであった。

◇

【軍隊の友人Nからの葉書。十月十九日付】

二ヵ月は空しく過ぎんとしている。小さき胸の中は唯焦慮と不安に充されているが、天龍の急湍は清く、駒ヵ岳は依然孤高。信濃路の秋を楽しみ得ない今の心を寂しく思う。父母もどうやら引き揚げてくる由。今まで一本立ちと勇ましく言っていたが、これから老病父母を迎えて米一升五〇円の世界を生き抜いて行かねばならぬことを考えると、些か暗澹だ。しかし必ずしも生きなければならぬという理由はないのだし、それに時というありがたいものがある。又当然散るべかりしを想えば諦めもつく。〝無一物中無尽蔵〟なぞやせ我慢で大書しているよ。学校にも未練はあるが、状況斯くの如しだから致し方ない。帝都の近況御詳報下され度。

◇

東京の庶民の切実な問題は食料であった。配給だけでは生きて行けない。上野駅付近の浮浪者は、一日平均二、三人ずつ死んでいた。大阪市内の餓死者は、八月が六〇名、九月が六七名、ほとんど戦災にあわなかった京都でも、九月中に一三名の行路死があったという。私も、食うための仕事に追われていた。そのひまをみては大学に行った。大学に行く目的は、講義よりも、友人にあうことであった。旧友との再会こそが生きがいであった。

◇

【伊藤からの葉書。十月二十四日検印。山形県発】

先日は偶然にも会うを得て愉快さ限りなし。むすばれし絆の固きをつらつらと思いつつ帰郷した次第なり。先日話せし事につき静かな故里の山河の懐に入りて考え居り。小生一刻も早く上京致し本腰になりて学問し度き考えなり。然し結局当分は当地に居るべく、貴君の来訪を待つも、切符等のため困難ならむや。確実の日時判れば、小生途中より当地までの切符求めて米沢あたりにて待つ考えなれば乗越乗車敢行するが近道なり。詳しくは貴君の来形決心出来次第連絡致す可。御両親様に宜しくお伝え下され度。

伊藤忠誠は、府立九中以来の友人だった。ともに水戸高校に入学、寮で活動を共にした仲間だった。

新しい活動が、ようやく表面化し始めた。新しい組織が生まれ、新しい組織が新しい活動を始めたのである。

◇

十一月二日には、日本社会党の結党大会が、日比谷公会堂に三〇〇〇人の代表者を集めておこなわれた。浅沼稲次郎が開会の辞を述べ、また司会役をつとめた。片山哲が書記長にえらばれた。委員長は空席とされた。

八日には、日本共産党の全国協議会が開かれた。代々木の電気熔接学校の建物に三〇〇名の代議員が集まり、行動綱領草案と規約草案とを採択した。

九日には、日本自由党の結党大会が日比谷公会堂でおこなわれた。鳩山一郎が総裁に推され、尾崎行雄や天皇機関説の美濃部達吉らが顧問に推された。

十六日には、日本進歩党の結党式が丸の内会館でおこなわれた。戦争中の議会の多数を占めてきた大日本政治会のお色なおしであったが、座長をつとめたのは、反軍演説で知られた斎藤隆夫であった。総裁は、勢力争いの為に結着がつかなかった。

十七日付の「朝日新聞」は、合計三三の党派が結成されたと伝えている。労働組合の組織もあいついだ。

新しい活動が活発化する一方、軍国日本を支配していた組織や勢力に対する連合軍司令部の追及がきびしさを増した。財閥解体が指令され、また戦争犯罪人の逮捕命令が相ついだ。十九日には陸軍皇道派の荒木大将、真崎大将の両人、またもと首相小磯大将および南、本庄、松井の陸軍三大将、もと外相松岡洋右、もとイタリア大使白鳥敏夫その他の計一一名に対する逮捕命令が出た。満州事変当時の関東軍司令官本庄大将は自殺した。

◇

【水高生Yからの葉書。十一月二十四日検印】

御手紙拝見、慚愧に堪えません。ロゴスの世界よりパトスの世界へ、絶対なるものより相対的なものへ、永遠なるものより刹那を瞬間を。然し堕落とは考えたくありません。

私自身の中に一切の価値の転換が行われつつあります。私より一切の道徳及び一切の神は亡び去りました。しかも私はそのような境位に安住の地を覚えています。来るべき世界は未知の世界。それ故にこそ生を保っています。一切が混沌。落着いたら改めて御便りします。寒さに向う折から御健康を祈ります。

◇

十二月二日、マッカーサー司令部は、日本政府に対して五九名の知名人の逮捕を指令した。十二日までに大森収容所に引渡すことを命ぜられたのは、皇族で梨本宮守正王、重臣で平沼もと首相、広田もと首相、軍人で畑元帥、河辺大将その他、財界人で池田成彬、藤原銀次郎その他、言論人で徳富蘇峰、正力松太郎その他。美濃部達吉の天皇機関説を攻撃した菊池武夫、右翼思想家大川周明などの名もあった。

六日には、近衛文麿、木戸幸一ら九名に対する逮捕命令が発せられた。その日、戦犯裁判の首席検事キーナンほか三八名が厚木飛行場に到着した。

戦犯裁判の最初は、マニラでおこなわれた山下大将に対する軍法会議で七日に死刑の判決が下った。マッカーサー予定通りの判決であった。マッカーサーが復讐をねらうもう一人、昭和十七年彼を比島から追った本間中将は十二日、マニラに護送され、比島軍最高司令官当時住んでいた官邸の物置部屋にいれられた。

十六日、近衛文麿は杉並の自宅荻外荘で青酸カリをのんで死んだ。五四歳。「僕は支那事変以来多くの政治上過誤を犯した。之に対して深く責任を感じて居るが、所謂戦争犯罪人として米国の法廷に於て裁判を受ける事は堪え難い事である」と彼は書き残した。

わずか八年前、組閣の大命を受けた近衛は、爆発的な人気に迎えられた。が、二十一日の近衛の葬儀は、参列者わずか数百名に過ぎなかった。二十三日から、私は日記を書きはじめた。


【日記】


十二月二十三日（日）　昨日の雪も大体とけてしまった。うららかな昼過ぎ、日かげに残った屋根の雪がとけてといを打つ音を聞きながら一句作ろうと思ったが駄目だった。

山口誓子の「秀句の鑑賞」を読了す。「鑑賞こそ創作である。しかし最も独善的な」──誓子。誓子の鑑賞に教えられる所も少くはなかったが、より以上に又俳句という文学の宿命を感ぜざるを得なかった。私が心うたれた作品をえらび出す事はできようが、すぐれた作品をえらび出す勇気はない。

十二月二十四日（月）　午前中は英語に費し、午後軍隊生活回顧をまとめ始めた。仕事は意外に困難だ。野心を抑えて平淡に書いて行こうと思うが、どうも雑然たるものになってしまいそうだ。

やりたい事は多い。時間は少ない。一ヵ月の冬休なんか、忽ち過ぎてしまうだろう。

十二月二十五日（火）　万葉集を読み始める。水高の頃巻一〇あたりまで通読したが、又始めから読んでみよう。

◇

やはり国文学科に移らなければならない、と私は考えるようになっていた。哲学科で三年間勉強をする気にはなれなかった。が、国文学科に移るためには、一たん退学して、入試を受けなければならないという。入試を受けるとなれば、まず英語をやり直さなければならない。春までに果して間にあうだろうか。不安ではあったが、受験勉強に専心できるような心境でもなかったのである。

◇

十二月二十八日（金）　英語と回顧と家の雑事におわる毎日。日本が政治的にも社会的にも経済的にも大変換の時に遭遇し、未曽有の危機をはらみつつある事、巷には強盗が横行し、細民はインフレになやみつつある事、それらの波紋が自分一身に及んでくる時のみ気をなやまし、しからざれば何等積極的な意欲をおこさない現在の私。かかる無責任の徒には、やがて時代の痛棒が加えられるかも知れない。だが解決すべき事がたくさんあるから急いで解決せねばならないとするやり方と共に、解決できる事だけをやるというやり方もまた成立し得るのだ。

十二月三十一日（月）　二十九日、三十日共に停電。しかも昼間は家事に追われて筆をとる事ができなかった。それでも閑を見て、英語だけはやった。石井が「高校生活の惰性はどうにもならないような気がする」と言っていたが、この休みに於ける一つのこころみは、その惰性に対する反発だ。私たちのもっとも退屈なものとした英語への没頭、それは近頃やっと我が物になりつつある。中学時代のがむしゃら勉を再現しようとする企ては、ようやく面白い問題となって来た。とにかくこの休みに、一人前の中学生にふさわしい程度の英語の実力をつけよう。

大学でも出たら、アメリカに行ってみたい。この頃よくこんな事を思う。夢ははてしなく展開して、アメリカ少女とのロマンスまでえがきあげる。

日本人は冷静に、そして客観的に自らをかえりみる必要がある。現在の逼迫した状況下でそんな事ができるかというならば、そは自滅の運命を肯定するにも等しい。夢想家に安楽の境を与えて夢想せしめよ。しからば彼等は、新日本建設の上に有効な役割を果すだろう。

二十九日には石井はじめ数人に葉書を出した。水高時代に燃えた友情の炎は、未だに私の胸から消え失せない。同期の友は言わずもがな、一期二期下の連中もたまらなくかわいい。今となっては彼等に何も与えることはできまいが、ただ愛することだけは許される。

今後如何なる境遇にめぐまれたとしても、あの頃のような友情は生まれないだろう。青春を共にくらすことは、もはや絶対に不可能だから。思えば我が青春は多幸だった。

三十日には餅をついた。そして夕飯には雑煮を食べた。守人さんが伊那から米を持ってきてくれなかったら、昨日食べたもちが正月の餅の一さいだった。せめて病み衰えた母の為にだけでも、豊かな正月を送らせたいが。昨日買った大根は一貫目一五円。父のふところのさびしさを嘆ずるのみだった。

昭和二十一年（一九四六）

一月一日（火）　昨夜は悪酔をしてしまった。こんなに弱いはずはなかったと思うのだが。今朝は八時頃起きる。昨夜のことがなかったら、のどかそのもののような元旦だが。日本人は軽すぎる。そしてあまりにおどり過ぎる。おどる人も祝祭日にはふさわしかろう。だが、日本にはそろそろ苦闘の時が来ているはずだ。

◇

その日の新聞には、天皇の年頭詔書がのった。はじめに明治天皇の「五箇条の御誓文」をあげ、その趣旨にのっとって、新日本を建設しようと呼びかけたものであるが、その中に次のような部分があった。

「朕と爾《なんじ》ら国民との間の紐帯は、終始相互の信頼と敬愛とに依りて結ばれ、単なる神話と伝説とに依りて生ぜるものに非ず。天皇を以て現御神とし、且日本国民を以て他の民族に優越せる民族にして、延て世界を支配すべき運命を有すとの架空なる観念に基くものに非ず」と。この天皇の神格化否定の詔書は、マッカーサー司令部の示唆により、幣原首相がみずからペンをとり、英文で草稿を書いたものであったという。

◇

一月三日（木）　昨日朝早く父は伊那に行った。夜母や弟達とかなりおそくまで話した。道学者的な父との生活は、たしかに愉快なものではない。私の魂を育ててくれた上に父の力は大きかったが、家庭に本当のあたたかさを感じ得ないのは大きなさびしさだ。

新聞に英国の皇帝は如何なるものかという文がのっていた。英国の融通無礙な自然さは、新しい日本が学ぶべきものだ。白でなければ黒という日本人の極端な潔癖さが、過去に於ても大きな禍となっていた。本来の日本人は、もっとおうような所があったのではなかろうか。万葉時代の精神が、どういう経過をたどって今日の日本人の精神になったか、ということは、たしかに興味ある問題であり、重大な示唆を与えるべき問題でもあろうと思う。

◇

イギリスでは、労働党が政権をとっていた。アトリーのひきいる労働党政府は、破産寸前に追いこまれていた国家経済の立てなおしをはかりつつ、社会保障実現の基礎をきずこうと苦闘していた。外交方面では国際連合を中心とした世界平和の確立をめざすと共に、インドの独立を推進し、植民地解放の軌道をしこうとしていた。イギリスはある意味で当時もっとも革新的な国であった。が、その反面ではきわめて保守的な国でもあった。アトリー首相は、爆撃で破壊された議事堂を再建するに当たって、議員全員が着席できるように議場を拡張することさえこばんだ。議事堂も、議会の諸儀式も、なるべく昔のやり方をうけついで行こうというのが彼等の流儀であった。

◇

一月七日（月）　うららかな午前だ。晃は幼年校の友達の所へ、裏は動物園に出かけて行った。この数日、いろいろな事があって、いろいろな事を感じかつ思った。とりとめもなく浮かび出るにしたがって書いて行こう。昨年の秋、私は日本文化への進言者になろうかと思っていた。それは比較文学という事を想定しつつ一種の文芸批評をこころみるくわだてであったのだが、今の気持としては、もっと積極的な行動者になりたい。むしろ全心をこめた一編の小説を残したい。野心の前には常に能力の限界という深淵が横たわっているが、あまり早くは絶望しないつもりだ。期が十分に熟すまでは飛び出さないつもりだ。

日本人の、そして特に言論界の低調さを見ると、何か一言言いたくなる。手始めに大学新聞にでも投書してやろうかと思った事があった。しかしぬけがけの功名をねらってはならぬ。特に私の前半生は、あまりにもいそがしかった。わざわざ与えられた閑日月を放棄するほど愚なことはない。私は自ら野心の子である事を決して忘れはしない。がそれ故にこそ多くの時間と賢明な生活法を必要とする事を痛感するのだ。

五日に石井の葉書を受け取った。「われらの頭脳は世界の広さを持たねばならない。これがわれらの厳粛なる体験でした。そしてわれらのこころは日本の深さを持たねばならぬということも」。

血に狂うはらから。せめて一度自らをかえりみ、そして他人を愛する事を知ったなら。今私はながめているより他はない。何時か時が来るだろう。少くとも反省の時が来るだろう。一歩の前進もない。私にはただそれがおそろしい。無関心の標榜。許せ、世界は動いているのだ。同日、田岡宅に滝田、常田と共に集まる。大いに啓蒙されるところがある。富士さんを見て、お気の毒だと感じたと常田の述懐、まことに共感の至りだ。合理精神によってニュアンスがみとめられる世界。それが滝田の理想だと。ロシヤは合理精神による歴史の飛躍を果した。啓蒙によって今の日本にもそれが為され得ると思うが、啓蒙の過程にニュアンスを否定されて、天皇制廃止でも実現したら、結局日本は日本らしくあることはできない、と。

天皇制打倒を叫ぶ共産党。彼等にも飛躍がなければ偉大にはならぬ。日本に於て打倒すべきは、封建精神よりもむしろ島国根性、卑小な魂だ。

マッカーサー司令部は、戦時中指導者の位置にあった者すべてに公職につく事を禁じた。進歩党の如きは大騒ぎだ。四人でも話したが、彼等のやり方もそろそろ馬脚をあらわして来た。史上かつてなき地位にあるとは言え、度を守る必要は永遠の真理である。

しかしアメリカの限界を見忘れてはならない。今度の勝利が、日本帝国主義に対するアメリカ帝国主義の勝利であった事実は、やがて明かにされる時があるだろう。日本も、そしてアメリカもこの戦を超克せねばならぬ。私は新しい戦士となるだろう。

◇

公職追放の指令が出たのは四日である。

追放の範囲は、次の通りであった。A、戦犯。B、職業軍人。C、極端な軍国主義的団体、暴力主義的団体、または秘密愛国団体の有力分子。D、大政翼賛会、翼賛政治会および大日本政治会の有力分子。E、日本の膨脹に関係した金融機関ならびに開発機関の役員。F、占領地の行政長官。G、その他の軍国主義者および極端な国家主義者。以上である。とくにG項が問題であった。何とでも解釈ができる。当然さまざまな陰謀、疑惑、不信を生み出すことになる。また私の周辺にまで広はんな影響をおよぼしたのは、B項の職業軍人追放であった。友人にも該当者が少なくなかった。一体、若い下級将校まで、どうして追放されなければならないのか。

◇

一月十日（木）　八日、常田と田岡と三人で、滝田の御世話になっている伊藤の叔父さんの家に行った。みやげにさつまいもを下さったが、常田の分もゆずってくれたので、四貫足らず。

いもを負つて急ぐや母を思ひつつ

昨夜帰ってみたら、ちょうど守人さんが長野から味噌や醤油をもらって帰ってきた所だった。今朝は父が伊那からもどられた。急に食料が豊富になって、家も明るい。早く食料にだけでもこと欠かない時代が来ないものか。

森田家は良い家庭だ。よく伊藤には聞いていたが、苦労と仕事とできたえた叔父さんが出来た人だし、子供達も実に健康だ。滝田は見違えるようにふとって、ほとんどくらいかげも見えない。田岡などがかえって心配していたくらいだ。

人間はどうしてもある程度物質的に豊かである必要がある。この事は倫理的な欲求でもある。今は苦しい我が家を思うにつけてもしみじみと感ぜられる。働きさえすれば生活の不安はない社会、少くともそういう社会にはしたいものだと思う。

とにかく昨年の秋頃にくらべれば、世界がずいぶん明るくなってきた。すべてが友のおかげだ。「竹林を米ソ支に分遣して、学んできたことを語りあおう」などという話も、ある程度実現されるかも知れぬ。

◇

「竹林」とは、竹林洞。水戸高で、三年まで寮に残っていた七人―石井、伊藤、滝田、常田、江原、芦田、山極が結成した仲間。終戦後、田岡など新しい参加者がふえていた。

その十日ロンドンでは、国連第一回総会の開会式がおこなわれ、アトリー首相が演説した。その中でアトリーは、原子力の問題をすべて国連原子管理委員会に付託すべきことを強調した。また「世界的善をして利己的な孤立的な国家目的の上に立たしむること」がわれわれの目的である、と述べた。

重慶では十日、政治協商会議が開かれ、蔣介石が開会の辞をのべ、続いて共産党代表周恩来が「今後再び内戦がくり返されぬよう希望する」と演説した。

◇

一月十一日（金）　午前中は英語。午後畠に菜をとりに行き、帰ってからはもっぱら石川千代松の本を読んだ。しまいには面倒になって、とばしとばし読んだが、人間を研究するには性を中心とした生理学の知識も必要だと感じた。

一月十二日（土）　昨夜は停電。夜の時間を失うことは惜しい。今年もあたたかくなったら、また農事等に多くの時間を費さねばならないだろう。私にとって時間はいくらあってもあり過ぎることはない。能率的にやっても一定量以上の時間を要する分野がある。英語の如きはそれだ。しかも英語はどうしてもごく短期間に相当ものにしておかなくてはならない。時間の豊富な時になすべきことがある。そして閑暇の必要最少限度がある。この点に関しての妥協は許されない。私はまだ没落してはならないから。

◇

四日の追放令に対処するため、幣原首相は十三日、内閣を改造した。前田文相にかわって、一高校長安倍能成が入閣した。明治十六年生まれ、東条英機とも同年の生まれであった。

◇

一月十四日（月）　配電会社に用があったついでに目白から池袋まであるいて来た。

「短歌研究」を買おうと思ったのだが、本屋は乏しい。やっと池袋第三の所で「文芸五十年史」と雑誌「太陽」を買った。「太陽」はなかなか面白い。

「笑いの神の参加しないどんな会議にも私は権威を認めることが出来ません。」「言論くらい厄介なものはありませんよ。いくら外部からの弾圧がなくても、各自が思想や主義や観念の幽霊から解放されない以上、真の自由ということはあり得ないのですからね。そのためにこそどんな会合にも必ず笑いの神を列席させることを忘れないで下さい。」(相馬泰三「権威のない決議文」)

一月十五日(火)　野坂参三が帰って共産党は確かに一歩の飛躍をした。大衆に愛される共産党。そうだ。真に時代の推進力たらんとする野心を持つならば、当然そうあらざるを得ない。時は流れる。そしてあるべき所に流れる。おどるはなやかな幻に惑わされてはならない。一切の問題に自分の意見を持とうとする野望を持ってはならない。もちろん現代に於て社会の事相に正確な判断を持ちたいと思うのは当然であろう。そして無関心者には痛棒の下されることもあり得よう。されど事は永遠の真理と偶然とのたわむれである。身は偶然の波の上に、そして眼は永遠の星を求めよ。

◇

野坂参三は、昭和六年春、保釈中に計をめぐらしてモスクワにのがれ、のち延安に移って毛沢東らと起居を共にし、日本人解放同盟を指導し、岡野進の名で近衛上奏文にも登場した人物。十三日夜東京に着くと、すぐ徳田、志賀らと会見し、十四日共同声明を発表した。天皇制を国家の制度として廃止することと、皇室の存廃問題とをきり離し、皇室の存廃は将来日本国民の意志によって決定されるべきものとした声明で、従来の共産党の烈しい天皇制攻撃の態度をかなりやわらげたものであった。野坂は、またその後の歓迎会で党員たちに新しい共産党を、愛される共産党を説いた。

「政治を動かすには人民の党であり、大衆と国民の党であらねばならない。それには人民から愛される党であり、共産党と聞いて国民が逃出すような印象をあたえてはならない。もしそのような事があれば、それは我々党員の罪だ」と。

◇

昭和二十一年（一九四六）

一月十七日（木）　私は他人の中に生きることしかできないのではなかろうか。愛の中に、そして愛を求めて生きるのが、私の宿命ではなかろうか。学問が、芸術が、私にとって何程のものであり得よう。私は放浪者、愛を求めてさまよう者。ただ二〇年の歳月が、人の世の侵し得ぬ法則をおぼろげながら教えてくれた。星の友情を肯定するほどに私も成熟した。それ故に茫漠たる砂原を、いま私は歩いて行くのだ。

月寒しふと永遠を思ひけり

一月十八日（金）　来朝のソ連作家団の一人ガルバードフという男の話が新聞に出ている。ソ連の建築家連は、新しい建築様式や技術を応用して都市や農村再建の設計をしているというのに、今の日本は簡易住宅すら満足に出来ないというのだ。日本が、やれ戦争犯罪人追求だとか、民生安定などとさわいでいる中に、戦勝諸国はどんどん躍進の歩を進めている。

通過せねばならない道には違いないが、何と悲しい運命を背負ったものか。余分の労を惜しめ。ここに埋没してはならない。

私は指導者ではあり得ない。指導者意識など私にあっては愚にもつかぬもの、そんな重荷はさっぱりとほうりなげて、とにかくここに生きる権利を主張しつつ、要求される義務を何とか果して、天の下に一人生きる、私は自由なる大衆だ。

一月二十一日（月）　昨日久方ぶりに風呂をたく。

たまさかの我が家の風呂をあたたかに楽しまんとて紙を集めぬ

たまさかの風呂は楽しもたちのぼる湯気の中よりうなり出しけり

十万円父母兄弟と竹林に分かたむ夢にふける頃かな

食ふことの易くならずや母にまた国文学を読ませたきかな

配給の米の残りの少なきを憂ふる母よやつれ給ひし

石井と滝田から便りが来た。石井の和歌「アルバムより」はほおえましい。石井は本来画人、絵画的な歌は成功しているようだ。滝田の詩はするどい。友の便りほど心なぐさむるものはない。

やがて又芝まで炭をとりに行かねばならないだろう。米軍歩哨の検査を受けて、混んだ電車に乗って。ああ、いやだ。思うだにもぞっとする。所詮敗戦国の生活ではあるけれども、そして当然しのばねばならないことだろうが、感情だけは天来のエゴイストだ。汝に自由の境を与え得るの日はまだ遠かろう。だが私は決して汝の要求を軽んじようとは思わない。何とかして、一日も早く自由の境を与えてやろうとは思っている。

暖くなれば、さし当って畠が忙しくなるだろう。何しろ今年も一通りの年ではあり得ない。家庭がもっと楽しければ。結局私のなげきはそこにおちつく。

一月二十六日（土）　宗因の俳諧の如く我が俳句和歌をあらしめてもよいだろう。ただ芭蕉の一条道を私にふさわしき処に見出しさえすれば。

◇

【滝田の葉書から】

鬱《うつ》然として暗黒は陥ちて行く、俺は一体何を答へたらよいのだろう「一体お前には何があるのか」感情なき感情が感情に挑む。

主義者は忘れている。美しき人々は知らない。外では孤り十三夜の月が冬毛の鴨を照らしてる。

◇

二十六日、土曜日の午後、日比谷公園で野坂歓迎国民大会が開かれた。六五歳の山川均が大会委員長、五八歳の荒畑寒村が当日の司会をつとめた。多彩な顔ぶれが次々に壇上に立った後、憲政の神様尾崎行雄のメッセージが朗読され、続いて亡命一六年、五四歳の野坂が立った。「朝日新聞」記者によれば、「三台のトラックで演壇を取り巻いた映画社のカメラが野坂氏を一斉射撃する。その中でもの静かに諄々として祖国建設の道、民主主義日本の確立、そのための『民主戦線』の結成を説く野坂氏の演説は三万の大衆に多大の感銘を与えた」。そのあと社会党の片山哲、共産党の徳田球一その他が演説し、最後は山川の発声で「民主戦線万歳」を三唱し、会場から流れ出た一万余は、赤旗を先頭にデモ行進に移った。三十人ずつ隊をくみ、腕をくみ、歌をうたい、時に「ワッショ、ワッショ」の叫び声をあげてかけ足をする。それをみていた米軍の一大佐は、感慨深そうに顔をしかめて、「畜生！おれが今まで日本で見たうち、一番印象的な光景だ！」と言った、とアメリカのジャーナリスト、マーク・ゲインは書いている。

そして二十七日の「朝日新聞」は、一面のなかば以上をうずめて大会の詳細を伝えた。それは戦争以来の、はじめての熱気のこもった紙面であった。

何事がおこったのか。あるいは、何事かがおころうとしていたのか。そもそもその時、民主戦線とは何であったか。

民主戦線の提唱者であった山川均は、日本共産党創立者の一人であるが、やがて共産党から離れ、戦後も、共産党に加わろうとはしなかった。共産党に加わらないマルキストがすでにいたし、そういう人びとが一定の力量を持ってもいた。しかし独立の党を作る力はなく、共産党と社会党との周辺で、あるいは社会党の中で、活動を続ける。野坂歓迎国民大会は、とにかくその活動の最初の成果であった、と言うことはできるだろう。

◇

二月五日（火）　屋根の雪とかし尽くさず暮れにけり

まとめてみたいもの。「父と母と私と」。学問の道は、深谷にかかる一本橋のようなものである。ひとたび志をたててその道をふみ始めても、一歩一歩が奈落への転落を予想する。

一生の間に読める本、そんなものはたかが知れている。少くとも高みを望み、理想をえがく者は、聡明な取捨選択が必要である。そうだ、もっとも強欲な、しかももっとも奸智にたけた盗人。

外界はうるさい。人間にはどうもおどりたがる本能的欲求があるようだ。食糧事情の逼迫という、戦災の復興という、だが現実に迫られることや、にぎやかなことには大多数の人が興味と関心をひかれるから、その解決はむしろ楽観をいだいていてさしつかえない。現在のように、政治が個人に対して強い力をふるっている状態は、悲しみ怒るに十分である。この意味で現在はあまりにも悲劇的である。私は此処において「無責任の立場」を標榜する。少くともこの日本国にたねをおろされた人間として、生存を続ける権利はあると思うから。そのかわり静かにつつましく生きて行こう。

◇

私は国文学科に移るために、大学を退学して受験しなおす覚悟を固めた。自信はなかったが、とにかく全力を尽くしてみようと思ったのである。そのためか、日記のほうは雑になって、二月五日のあとは二十日まで日付もなく、ただ読書ノートのようなものや、断片的な感想のたぐいが並んでいるだけである。

その間も、受験勉強に専心していたわけではなく、二月十六日には水戸にいた。その十六日の夜、暁鐘寮では食堂で寮生の集会が開かれ、その時一寮の一室から火が出て、たちまち燃えひろがり、全七寮のうち五寮までが焼けおちてしまった。失火だった。私も消火に奮闘し、翌朝は寮生と共に関校長の話を聞いた。

◇

二月二十日（水）　「世界」という雑誌は割合によい。読んでみたいと思う本。ギュイヨー「社会学上より見たる芸術」三冊。プレハーノフ「芸術論」。グローセ「美学」。エッケルマン「ゲーテとの対話」。

◇

雑誌『世界』創刊号が世に出たのは、先年十二月である。ほとんど同時に『中央公論』や『改造』が復刊し、『展望』などの新雑誌も続々と生まれ出た。

当時の『世界』は、安倍能成を中心とした雑誌であった。安倍は戦争の末期から外務省の加瀬俊一の斡旋で、山本有三、志賀直哉、谷川徹三、田中耕太郎、和辻哲郎らとしばしば時局を話し合う会合を持ったが、戦後同心会という会に発展、その会で雑誌を作って新日本のために尽くそうという議がおこり、安倍から岩波茂雄に相談を持ちかけたところ、岩波にも雑誌創刊の希望があって、かくて『世界』の誕生となったという。

六二歳の安倍能成が活躍した季節であった。文相としての安倍は、高校の修業年限を三年にもどすために努力して、ついに二月二十二日の勅令によってそれを実現した。が、日本の教育全体、とくに基礎教育をどうするか、については、彼には抱負も熱意も、また力量もなかった。改革者はアメリカからやってくる。ただ安倍は、毅然として改革者たちを迎えたのである。安倍がアメリカ教育使節団の一行二七人とはじめて会ったのは三月八日、その時のあいさつで、安倍はアメリカが戦勝国たるがゆえに正義と真理とをまげることのなきを信じたい、と述べ、また国民の中に生きている伝統の特異性は尊重されなければならない、とも述べた。絶対の力を持ち、また民主主義の指導者を以て任じたアメリカに対して、それだけのことを言った日本人は当時ほとんどいなかった。

なお二月二十日の「朝日新聞」は、蓑田胸喜の死を伝えた。戦後郷里の熊本に帰って、このほど自宅で縊死したと。彼はかつて天皇機関説の美濃部達吉をはじめ河合栄治郎など、当時の思想家を告発する狂気の闘士であった。胸喜は死んだ。が、新しい権力のもとで、新しい狂気が生まれつつあったのである。人を責め人を打つことを喜ぶ狂気の闘士たちが。

◇

【手帳】

○理知に敗れたドイツ精神史と、より肉体的なロシヤ。日本的性格が何らかの位置を占め得るか。

ナチスの提出した問題。青年の魂は、民族的な軌道においても十分に自由であり得たこと。現在ロシヤの社会主義と人間性の自由との相剋。ロシヤはナチスの問題に向かいつつある。

人間の自由。自由の圧力に人間は堪え得るか。人間は神であり得るか。宗教の問題、かつて宗教とは、如何なる程度の妥協であったか。

ドイツは青年の国である。

○夕飯を終って、私の部屋へ階段をのぼって行く。学問のあじ気なさ。何とも言えぬうつろな気持。そうだ、一服の煙草を楽しもう。少し本を読んでから。

○「食糧危機は麦がとれるまでだと。畠を大いに活用せねばならない。麦の収穫はどうだろう」

こんなことを考えている間はまだよいのだが。

何の目的も意志もなく、漠然と日を過ごすこの頃、私はむしろ我が生命をもてあます。やはり私は、戦いに死ぬべきだったのではなかろうか。学問も青春も、今や私をむち打つ力とはなり得ない。退廃と老衰。しかり私はかつて嫌悪したこの退廃と老衰とからぬけ出す術を持たないのだ。

空想の庭に遊ぶことはあるけれども。学問への情熱も結局空想の所産に他ならない。さればはてしないその道を望見しただけで、私の意志はくじけてしまう。愛。それが今の私に何を命じ得よう。依然として私は一個の愛国者であり、人の美しさを愛する者であるけれども、もはや積極的に力をいたすの心はない。ああ、うらぎられた愛国者は、心さびしく祖国の運命を見守ることができるのみだ。私はひそかに女人を待つ。愛にこがれる女性の出現を心待つ。新しい愛の生活。そこにのみ私の生活の道が開かれるような気がする。ゲーテに永遠の女性あり。我に貴きすめろぎあり。そが迷信とののしる人のあさはかさ。私の魂のデーモンが、権力意志が、徒に焦慮する。かつて他人に決してひけをとらなかった努力をさえなし得た情熱が、徒然たるこの頃を、おお、そして過ぎやすき青春を――。焦るなといっても、焦るのは無理もない。しかし何としても、私の行くべき道が見出せぬのだ。

○すめろぎの御心うちをしのぶれど安んじまつるすべを知らなく
すめろぎの御世の絶えなばいかにせむけだしこのまま生きてあるらむ
戦ひもうからざりとは言はねども自嘲の声は聞かれざりけり

◇

天皇は、地方巡幸をしていた。二月十九日は京浜工場地帯、三月一日に三多摩地方、二十五日に群馬県下、二十八日には埼玉県。共産党は三月一日、今次侵略戦争の最高戦争犯罪人である天皇が、自己の責任をたな上げして人民によびかけているのは、民主主義を挫折させようとする反動政党のための選挙運動にほかならない、と声明した。

総選挙が、三月十一日に告示された。四六六の議席をめざして、二七〇〇人以上が立候補した。選挙権年齢が二十五歳から二〇歳に引下げられたので、私も選挙権を得た。女性も、占領軍の指令で、始めて選挙権、被選挙権を得た。

投票日は四月十日。近所の空地に作られた投票所には、主婦の姿がめだち、男も女も緊張した顔つきだった。その投票風景に私は感動した。飢えに苦しむみじめな敗戦生活の中にありながら、多くの人たちがまじめに投票にやって来た、という事実に感動した。敗戦以来始めて、国民的な意志を見る思いがした。

私の選挙区は東京第一区で、定員一〇名、二名連記。私は鳩山一郎に投票したが、もう一人は誰にしたか、おぼえていない。鳩山にいれたのは、彼の名を前から知っていたからであり、また彼が明確な反共の態度をうち出していたからである。

選挙の結果は、鳩山は最高点で当選し、鳩山のひきいる自由党が一四一議席で第一党、政府与党の進歩党が九三、社会党が九二、協同党が一四、共産党が五となった。婦人代議士は三九人生まれた。立候補八五人中の三九人であった。

総選挙がおわると、すぐ東大の入試だった。十五日が西洋史および現代文評釈、十六日が外国語。

試験がおわった翌十七日、政府は憲法改正草案を発表した。ひらがなで口語体だった。

◇

明日から大学。入試もやはり受かってよかった。試験があるというだけで、いろいろな経験、あるいは再体験をした。人間は愚劣を愚劣と言ってすまされない。何らかの方法で、それに打ちかつことが必要である。回避は敗北を意味し易い。しかし愚劣との戦は、自己の愚劣化を意味し易い。人生はとにかく冒険の連鎖である。

試験に落ちたら、ああ、その事が何という脅威となり得たことか。正に合格後感じた得意さと比例するだけ。

◇

五月一日が入学式であった。安田講堂で南原総長の演述を聞いた。総長は、明せきな言葉で真理と個性について論じた。

「新入学生諸君。諸君に望むことは、苛烈なこの現実のなかにも高い理想を常に見失わず、環境に耐え、よくこれと闘いつつ、学徒としての本分の遂行にまじめな不断の努力を続けることである。いずれは人間と世界との全体的把握を目ざして、真理の前にあくまで謙虚に、それぞれの分野において科学的真理の研究に従事すること、それと同時に今後世界のいずこに往っても恥ずるところない高貴な善良な人間として自らの品性を築くことが諸君の使命である。かような自覚のもとに、諸君が新しき大学生活に向って静かな強き一歩を踏み出されんことを望む」と総長は結んだ。

私たち新入学生は、東大はじまって以来の多様な要素から成っていた。総員一〇〇〇余名のうち約一五〇名が軍関係の学校出身者で、一四〇名が専門学校の出身者であった。従来軍関係の学校はもちろん専門学校から大学にはいることはきわめてむずかしかったが、この年は二年に短縮されていた高校の在学年限が安倍文相のおかげで三年に延長されたため高校の卒業がなく、門戸を広く開くことができたのである。始めて二〇名ほどの女子学生も誕生した。南原総長は彼女等に言った。「諸子がよく日本女性の美徳を失わず、しかも男子学生に立ちまじって、いかに大学教育を修得するかは、日本女子教育の将来をトするものとして、世の注視するところであろう」と。総長南原繁は、安倍能成の四年後輩であった。安倍と南原は、共に四国の出身である。安倍は松山で、南原は香川県の相生村。安倍は夏目漱石の門下であり、南原は新渡戸稲造、内村鑑三の弟子であった。

東大入学式の日に、一一年ぶりのメーデーがおこなわれた。

徳田球一は、幣原首相に面会を求め、幣原は官邸の応接間で徳田らに会った。徳田はしまのシャツの腕をまくってかん高い声でどなり出したが、幣原は口の中でぶつぶつ言うだけ、そこで徳田は楢橋書記官長に向かって、「配給のことを聞きたいが、そのかっぷくでは君の食っているのは配給米ではあるまい」と食ってかかる。楢橋が「配給の現状は知っているよ。僕は今までの蓄えと、配給以外で余命をつないでいるさ。しかし徳田君。君も配給米だけでもあるまい。君のその肥ってる身体は……」と逆襲すると、「もちろんおれもヤミ米を食っている」と言って、どっと周辺のものを笑わせた、と楢橋の後年の回想である。

明治二十七年、沖縄生まれの反逆児徳田球一が、今や時代の立役者であった。明治五年生まれの幣原首相の影は、うすかった。五月三日、幣原は、次期政権を自由党単独内閣で、とマッカーサーの許可を求めた。マッカーサーの許可なしには、何ごともできなかった。しかし徳田は自由だった。少くともそう思っていた。

市ヶ谷の旧陸軍省講堂では、東条もと首相ら二八名に対する軍事裁判が始まった。ウェッブ裁判長は開廷の辞の中で、被告たちはかつて指導的立場を占めていたものばかりであるが、これがためもっとも貧しい一日本人兵卒、あるいは一朝鮮人番兵などが受ける待遇よりもより良い待遇を受けることはない、と述べた。そして午後の起訴状朗読の時には、被告の一人大川周明が東条の頭に平手打をくらわせるというハプニングがおこった。かつて大川の著『日本二千六百年史』と『日本精神研究』とを愛読した私は、むざんな思いをかみしめた。

四日、総司令部は、自由党総裁鳩山一郎の追放を日本政府に通知した。

◇

【伊藤からの葉書。五月五日付】

合格おめでとう。二十五日発表をみてから会いたいと思ったが果さなかった。目下帰省中でのんびりして毎日野山をぶらついては草などつんで来て食べているのは面白い。十四、五日頃でも帰京しようと思っているが、大学の事を考えて早く行きたい気もする。大学は活気づいていることと思うが如何。当方は一同変わりなく田舎の生活を楽しんでいるが、皆東京の方がよいという。どこかいい貸家はなきものかと心配している次第だが、もし心当りでもあったらよろしく頼む。百円位で四、五間あれば結構なり。いずれ又。

◇

五〇〇円生活であった。二月に金融緊急措置令によって、新円が発行され、原則として一ヵ月五〇〇円以上の旧円は封鎖されていた。が、配給食糧の確保ができず、インフレは再発の気配を見せていた。十三日の新聞は、食糧遅配の一般化を伝えた。北海道では五日現在最高七四日の遅配。米所の宮城県でも、一割五分の減配を決定した、と。

「朝日新聞」には「宮城へ大衆デモ」の記事がある。世田谷で十二日、米よこせ区民大会が開かれ、千余名が集まり、労組などの代表が「不慣れな演説ながら命がけで」叫んでいる所へ、野坂参三が現われて演説し、こう結んだ。「我々の手に残された道がある。これは天皇のところへゆくより他はない。幣原や社会党に行けたら行ってもいいが、このでたらめな幣原やその官僚たちを任命した天皇に……いまこそ直接天皇のところへゆかなければならない。君たちのデモの行先は天皇のところだ」と。かくて「赤旗の下に緊張した表情の百十三人が坂下門から宮城内へ進んだ」のである。

◇

五月十三日（月）　遠西から便りがあった。昨日書いたばかりだが、今晩更に書いた。私は暁鐘寮を思う時のみ私の生を感ずる。私に最もふさわしい職業は、恐らく水高の上級生であろう。

十一日は、一時間目に出て、後は江原、小松沢と語る。今日は、一時間目に出て、後は渡辺さんと語る。十日も一時間目に出て、石井と語った。もう少し学にとじこもる必要を感ずる。

大学の昼、時計台の前の芝生に坐って弁当を食べたり、煙草をすったり、話したりしている様子はのどかなものだ。だが、そのすぐ背後には暗い影が迫っている。食糧危機。この五月が無事に切り抜けられるか、それすらも大きな疑問だ。政界の混迷。さすがの私もいきどおろしさを感ずる。

生きること、ああ、その最低限の要求、そして恐らく最大の要求すらもが危機にある。体を保持すること。全く考えれば狂気じみるばかりだ。

◇

十六日、追放された鳩山の身代り総裁吉田茂に組閣命令が下った。吉田は、一年前は陸軍刑務所の囚人であった。その頃戦争一途だった「朝日新聞」は十七日、「吉田内閣を警戒せよ」との社説をかかげた。吉田内閣を「深い疑惑と厳重な警戒の眼をもって、見ることとの必要を痛感するものである」と。そして民主戦線への期待を述べ、社会、共産両党の提携をのぞみ「この重大なる時に両党の幹部が、大乗的見地に立って、何としても、民主戦線成立のために努力せんことを、重ねて要望するものである」と結んだのである。

吉田は新憲法の制定と食糧問題の解決とを緊急の課題とみて、農林大臣に農政学者東畑精一を望んだ。が、東畑は受けず、吉田の組閣工作は壁にぶつかった。

共産党は、大衆運動を組織して、吉田内閣を粉砕しようとはかった。「食糧の人民管理を実現するため、一大デモンストレーションを以て人民の意思を無視してできつつある吉田保守反動政府を粉砕し、民主人民政権樹立の闘争に起ち上がれ」。

かくて十九日の日曜日、皇居前広場は大群衆でうずまった。「朝日新聞」は次のように描いている。

――朝八時ごろから「保守反動政府絶対反対、民主人民政府をつくろう」のマークを腕にブラスバンド颯爽とアカハタの歌を高唱しつつ続々つめかけた勤労組織大衆、そのなかにまじる未組織の大衆、赤ちゃんを背負い、子供の手をひいた母親の姿も眼立って多い。都立四中、都立三高女生等五十名ぐらいの一団が教師の指揮棒でメーデー歌を絶叫する姿もある。司会者側の算定では参加者ザッと二十五万――一〇時過ぎ、大会が始まった。「飯米獲得のための法案」の説明に立った「読売新聞」の鈴木東民は「このひょろひょろ内閣をつぶすためには二四時間のゼネストで沢山だ、いまこそ街頭の闘争から革命は始まった」と叫び、「民主戦線即時結成」の決議や天皇に対する「上奏文」が採択された。一二時過ぎ、「朝日新聞」の聴濤克巳らは宮内省へおしかけた。徳田球一らは組閣本部にすわりこんだ。

◇

【手帳】

ああ消え失せし青春を、何を望みに生くるなる、
飢えと労苦につかれ果て、机の前に坐する身は、
ただ一本の煙草のみ、一時の心なぐさむる、

ああなやましき人の世は、まことの道のありやなし、
すめらみことの御前に、みにくき恥をさらしたる、
人の仕ぐさをいきどおり、なげく心はもゆれども、
たけりて立たむ意気もなく、時の流れにうなだれて、
この一日を生くるべく、この一日を過ごすべく、
鍬をかつぎて町中を、はたけつくりに出で行きて、
帰りきたれば書をよむ心もなしに筆とりて、
筆のすさびを書きつくる、我が心をば知るや君。

◇

二十日の新聞は、組閣流産の危機を伝えた。「朝日新聞」の「天声人語」は、「飯米獲得人民大会に参加した二十五万人の大衆は、決して狩り出されて集まったのではない」と書き、「民主人民政府は必ず樹立されるであろう」と書いた。しかしマッカーサーは、この動きを認めなかった。彼は輸入小麦粉の放出許可を発表すると共に、「秩序なき大衆的暴力行為は今後絶対に許容されない」旨の警告声明を発した。マーク・ゲインによれば「組合や左翼政党の本部は驚倒し、保守派はおおっ

ぴらに歓喜した」。

かくて二十二日、吉田内閣が成立した。農相は農林官僚和田博雄。蔵相は石橋湛山。文相は田中耕太郎。

そのころ、私は大学をやめること、あるいは休学することを考えていた。大学再入学の一件などから、父との間が面白くなくなっていた。それに空腹をかかえて、とても満足な勉強はできない。直接の動機は、父が煙草をやめろ、と言ったことであった。当時の私にとって、煙草は貴重な楽しみであった。独立して働こう。思い悩んだ末、水戸に行って、職と住とを見つけてこようと思いついた。「父がたとえ何と言っても、最後に自分の言うことは、独力で独自の道をあゆむ、ということだ」と、日記帳に書き残して、上野をたったのは二十六日か、二十七日であった。

◇

【水戸高校暁鐘寮全寮委員長から東大文学部内先輩諸兄あての葉書。六月十日付】

拝啓、諸兄には益々御勉励のことと存じます。さて私達は五月初旬水戸を去って友部の新校舎に移転し、校友会各部も成立してようやく新しい生活に出発しようとしていたのでありますが、去る八日午後一時過ぎ西寮一角より発火、遂に西寮一棟を全焼させてしまいました。原因は漏電によるものと推定され、不可抗力であったとも考えられますが、再度までも寮を焼失せしめた私達の諸兄に対する責任は重大であります。私達はここに至って徹底的に生活への反省を掘り下げねばならない自らの至らなさを痛感して居ります。先輩諸兄にはお詫びの言葉もありません。ただ私達は、暁鐘寮とその生死を共にするということをお誓いして、一言陳謝の辞と致す次第であります。敬具

◇

西寮が焼けた八日、私は友部にいた。十日以上を友部、水戸、あるいはその近辺で過ごした。ある友人の家で農事の手伝いをした。しかし結局、職と住とを見つけようという私のもくろみは失敗した。やっぱり東京で仕事をさがすより仕方がない。帰ってきて、前からアルバイト口を頼んであった安部をたずねると、彼は不在で、手紙を渡された。「先日は君のアルバイトのことを引受け、君も喜んでくれた様子なので嬉しく思い張り切っておりましたが、急に様子が変わり、予算が決定するまで待ってもらいたいとのことで、七月中は仕事はできなくなりました。九月にでもなれば予算がきまって、大丈夫アルバイトをやれると思いますが、心から申し訳なく思っております。何分役所相手なので融通がきかず、だいぶ努力したのです

が駄目でした」と。

安部は、水高柔道部にいた男。理科だったし、そんなに親しくしていたわけでもなかったが、その親切は忘れられない。その後間もなく死んだので、とくに忘れられない。親切な友が多かった。が、それにもかかわらず、仕事は見つからない。日本全体が窮迫していた。仕事がなかった。物がなかった。暁鐘寮の火災を報じた全寮委員長の葉書は、従来のものよりたてが二センチ、横が一・五センチも短かく、たて一二センチ、横五・五センチの小さな葉書で、そんな小さな葉書が売り出された時代であった。時代の立役者は、徳田球一。七高を酔ってあばれて中退し、苦労して弁護士になり、社会運動にはいって、大正十一年、モスクワで開かれた極東民族大会に日本代表の一人として参加、帰国して共産党創立に加わり、昭和三年二月の総選挙に労農党を名のって立候補、落選。総選挙直後に逮捕されてから一八年間を獄中でがんばりぬいた不屈な闘士は、四月の総選挙で代議士になり、また二度目の結婚をし、五月はデモの先頭に立ち、東奔西走を続けた。六月二十四日には、第九〇議会の質問演説に立った。そして「憲法よりメシだ」と、憲法改正案の上程に反対し、更に改正案そのものにも反対した。

憲法改正案は、二十五日、衆議院に上程され、日本全体が窮迫している中で、憲法審議がはじまった。二十八日、野坂参三が質問に立った。政府が憲法改正を急ぐのは、人民の間に民主主義が成長する以前にごま化しの憲法を確定して、人民の要求を抑えようとする意図である。天皇の国務を定めていること、三権分立、二院制など、この憲法の本質は非民主的である。また自衛戦争まで否定するのは間ちがっている、というのが野坂の論旨であった。

最後の戦争放棄と戦力否定の問題では、私は始めて共産党の主張に賛同した。吉田首相は、自衛戦争を認めることが戦争を誘発するし、交戦権放棄の期する所は、国際平和団体の樹立にある、と答えた。

七月にはいると、私は進駐軍の日やとい労務者になった。小学校の同窓で、共に府立九中を受験して合格、二年の時府立九中から陸軍幼年学校にはいった桑谷にさそわれ、日比谷の三信ビルにあった米軍のＰＸの雑用に使われたのである。毎朝、列にならんで、順番に仕事をわり当てられた。従って仲間の顔ぶれも毎日変わったが、みな意外におだやかな男たちであった。ある日は、ごぼう剣のようなもので草かりをさせられた。芝をうえたこともある。ＰＸ内部の仕事としては、食堂の壁を洗った。白いパンや大きな肉のかたまりが一ぱいつまっているのに驚いた。そのほか長らく見たことのなかったさまざまな食料品、たとえばドラムかんのような入れ物にあふれんばかりのアイスクリームなど、私の目には、正に圧倒的なゆたかさだった。ある日は、砂糖の袋を運んだ。トラックで着いた分を全部運び入れるまで休ませてもらえなかった。正午過ぎて、ふらふらしながら肩にかついで行く袋を、中で受けとってつみあげている日本人が、私たち一人ひとりにポップコーンのはじけていない、つまりできそこないの部分、と言っても私たちにとってはありがたい珍味をそっとわけてくれたことがある。それを見張りの米兵の目をかすめて、口にほうりこんでは飢えをしのいだ。昼休みに日比谷公園に行くと、代用食の弁当をめがけて、浮浪児たちが寄ってくる。そんな毎日であった。日給は二〇円ほどで、少しずつ毎日昇給した。その程度のインフレだったのである。

◇

【長野県の親類知人Fからの手紙。七月十七日付】

一昨日新潟高校から通知がありました。東京の皆様には全くいろいろと御心配をおかけしましたが、とにかくもビリでも何でもはいれたことははいれましたから御安心下さい。

入学予定日は九月十六日で、まだ二ヵ月もありますので、行くまでに一度東京へ本でも買いに出かけたいと思っています。

いよいよはいれるときまってみると、ぐずぐずしていないで少し勉強しなければならないと思うことは思いますが、家では、はいれるときまったのだからもう心配しないで大いに家の仕事をやれと言って、今までの二倍も三倍もやらなくては許さないようなつもりでいるので、思うだけで少しも実行に移せません。今はもうはいる日の一日でも早くなることを祈るより他はありません。が、どうも遅くなる心配はあっても、早くなる可能性はちょっとないようです。

現在の私は「うんざりする」の一言に尽きるような其の日其の日を過ごしています。Iさんは、生徒に対する熱意も徐々に冷却しつつある一方、勉強に対する熱意も未だ出てこないと言ってなげいています。生徒に対する熱意が激烈であった頃は、勉強に熱意がはいらないのは、生徒に心をうばわれている為だとしてみずから慰めていたようですが……。

◇

手紙の中のIさんは学校を休学して、故郷に帰って代用教員をしていた。前にもらった手紙には「信ずるままにやってみます。後で悔いるようなことはないつもりですけれど、万一これが私にとって誤まっているならば、私の一生はめちゃめちゃになります」とあった。

私は大学を退学したり、休学したりすることはやめにしたが、講義を聞きに行くことはほとんどなかった。肉体の衰弱ぶりがはげしかった。

◇

【葉書。常田から。日付なし】

昨日は失礼。兄の昨今の情況が心配でならなかったが、「元気」で行動しておられる由、何より。小生もオフクロからお聞きの通り、「はりきっておる。」恐らく田岡は留守だったろう。田岡も元気だ。彼も、兄のことを心配していた。先夜も田岡、滝田、小生の三人で語りあかしたが、高校時代の思い出はつきない。殊に食物にちなんで。小生も今日はねぼうして兄にあやかり、あぶれた。日傭いの悲哀をしみじみと感じた。明日、信州へゆき、死ぬほど食い、死ぬほどはたらいて来る。そねめ、そねめ。いずれ日を選んで、奥多摩行きを決行しよう。石井も切望している。兄の御健闘をお祈りするや切。

◇

この葉書は、小型の五銭の葉書である。七月二十五日に葉書代は一五銭に値上げされたので、それより以前のものである。常田は世田谷の焼跡のバラックに住んでいた。

◇

八月一日（木）　久しぶりで大学に行ってみた。あまりにも対照的な、いろいろな世界が、多くのことを考えさせ、感じさせた。

夏期学校は楽しそうだ。若い人達の純真な気持、素朴なあこがれと言うか、向上心というか、今の世に珍らしいユートピアが、そこにはあった。大東がすぐれた女性のことを、そして新しい日本の理想のことを語ってくれた。大学生活につっこむべきだと彼は説いた。そしてこの楽しい仕事も、自分の骨折の当然の報酬だ、と彼がいうのもいかにももっともだった。

しかし、一日の生活に追われる者には、骨折への酬いすらないのだ。最大の社会悪、私が考え得る最大の社会悪。

滝田の境遇。東京を離れることは大きいけれど、何としてそれを止めることができよう。私には全く一つの驚倒的な偶然、そう宝籤に当ること以外は、恐らく彼を助ける方途はない。私が彼の境遇だったら、恐らく文句なく東京を離れて、地方に職を求めるだろう。そうだとしたら、滝田の決意をむしろ心から賛同してよいはずなのだが。

もっとも私自身も、現在に生きる自信ある方途を発見できない。食糧事情、特に家の状況は、やはり楽観を許さない。来年もまた、ああ、思うだに戦慄を禁じ得ない。

「人の好意に甘えるのは本当ではないと思う」――伊藤の言は、正にしかりだ。しかし大きな仕事は、大きな負債なしには果せない。富の強奪者たり得るか否かは、今こそ問わるべき問題である。社会の拘束に、慣習に、倫理に殉ずるか、自己の最後の権力意志に殉ずるか、それとも人間そのものの宿命を肯定するか。言葉は極めて不完全だが、要は将来に捧げるか、現在に捧げるか、が私の倫理の一つの課題である。しかしあるいは安部の言うように「何とか生きているべきだろうか。」狂人になるか。愚人になるか。

ただ絶対にあり得ぬのは、君子になることだろう。私はこの時代を怨嗟する。この時代に没落することだけは、私の魂が許さぬのだ。

リーダース・ダイジェストを読んだ。ごく自然なことも言ってはならない。言論の自由はきたというが、つまる所は敗戦の現実は悲惨だの一語につきる。そして日本の運命は悲劇だったの一語につきる。勝ったほうがよかったとも思えない。しかし負けたほうがよかったとも思えない。

私にとって必要なゲシタルト心理学の限界は、そろそろ見えてきたような気がする。問題は見方を学ぶことであり、解釈理論を知ることではない。しかしたしかに大きな収穫となるらしいことはたしかと言えよう。ただ私はゲシタルト心理学の徒とはなり得ない。遍歴の初の宿りとなった心理学から、私はまたゆくえ知らぬ旅路をたどり行く。恐らく倫理へか、社会経済へか、歴史へか。国文学にきたことは、そう失敗ではなかったらしい。

◇

滝田は、夏休になって本郷の江原の下宿を借り、靴屋の仕事に通っていた。伊藤は前橋の予備士官学校校長の紹介で鎌倉の関口泰の書生をしていた。

◇

【手帳】

○前半を肉体労働に費した七月は、全くおどろく程早くたってしまった。「桜の園」と「即興詩人」おもしろくはあったが、今のようなおちつきのない時にはほとんど無力だ。むしろカレルの「人間」や心理学のほうが益する所多かったろう。

今の私には、今の生活に感じ、今の生活に思うことのほうがあまりにも痛切だから、他人の物語の生活にとけ込むことがむずかしい。たとえとびこんでみても、現実の生活に呼びもどされて、あたふたともどってくる。少し高校時代のことをまとめようともしてみたが中絶した。時に猛然と書きたい意欲がおこってくる。実際この頃はあまりにも発作的で、おちつきがない。

せめて九月からの定まった仕事だけは、休み中に見つけておこう。春は結局職さがしでおわってしまった。話という話がことごとく流産したのは全くおどろくほどだった。

八月五日（月）　昨日の奥多摩行は楽しかった。川辺に住みたいと空想した昔のことを思い出しては、一体食物はどうするつもりだったのだろうか、などと思うのは、やはり時過ぎたりの感じである。

すっきりした自然の美を感ずるには、あの辺は人が多過ぎた。なかんずくステッキガールをつれた米兵の姿は興ざめであった。

人の少ない所までたどって行く勇気と力は全くない。少しあるいてみると我老いたりの感が深い。早く健康な体になりたい。

今のように肉体の消耗に行動を限定されると、何時知らず劣等者の心理がむしばみはじめる。宝籤の夢は、私を有力ならしめる。反省が軽くたしなめるまで、私は往年の健康な私である。
今の私に最も必要なもの。それはこれ以上の誠実でも反省でもない。恐らく行動に支障ない食と金とであろう。まず職を見つけることだろう。
○東大通信添削会をつくることとなった。ともかく国漢科の教材を受け持つことにしたが、自分の真の意図を明かにし、方針と実行とを筋道立ったものにすることが肝要である。自己にとって無意義なことは為し能わぬ。私はこの利己主義の一線は失い得ない。すなわち今の所、自分の勉強にある時間をかけることだけは守らねばならぬ。
○二十一日水戸に行き二十四日に帰った。友部の寮を去る時、何とも言えぬものさびしい感じだった。肉体的にすっかり衰えてしまった自分を見出したこと。もうラグビー部の先輩として何もすることができぬという感じ。現役の人達とは、あまりにもへだたってしまったこと。
言っても仕方がない。私の力の限界を越えている。

【日記】

九月一日（日）　明日から講義が始まる。一学期よりはあらゆる点で向上した学期たらしめたい。また十分期待もできよう。

十一月からは主食も増配。それまでも乏しいことはあっても、もう四、五月のような脅威を受けることはないだろう。体の調子もあの頃よりはだいぶましになっている。

今日は風呂から帰りながら思った。家をつくる時には、始めに少し無理をしても、できるだけ文明の施設、あるいはその準備だけはしておかねばならぬ。家の維持だけで家人の力が費されるようなことでは、文化の向上ものぞまれない。簡単に栄養のあるうまい食物がつくられ、簡単に掃除ができ、簡単に風呂などもわかせるように。ともかくこの頃、やっと明るい希望なり、空想なりをいだくようになり得たことはよいことだ。この一年は戦争中以上の悪夢だったが、やはり生きたことは、何ものかであり得たと思う。今一年間の自分の歩みに対しては、おおむね満足の感じを持っている。病気にならなかったことだけでも大したことではないか。心理学にいたりついて、夏休にだいぶ知識を増したことも、私にとっては嬉しい収穫だった。

九月二日（月）　池田亀鑑氏の講義に出て、国文学者の煩瑣アカデミズムに消耗。江原と語れば、大学をやめたいという。研究室で本をひっくり返しながら、はてさて、いよいよ大学というものが憂うつになった。大体、大学で半年毎に試験を受けねばならぬとは、何たる情ない御身分だろう。そして卒業論文。全く、こじんまりした人間をつくるように、うまくできているのが日本の教育機関だ。三年間、主に国文学に関して研究する便宜を与える。それでよいじゃないかと思うんだが。

九月四日（水）　伊藤とあった。関口さんの所を出るという。自由の身になりたいと、すばらしい元気だった。「一瞬の享楽に幸あれ」「地獄」の中の言葉だという。昼飯時、皆あるはずもない米の飯を食っているのを見たら、むらむらと反発心がおこった。藤野と話しても、何だか妙な感じがある。これが階級意識というものだろうか。こうなると私も享楽を求めるのだ。財布にあった五、六円はたちまち無に帰するのだ。ひとりを楽しむ為には俗界を離れなくてはならぬ。しかし大学に人にあいに行くようなさびしがりの自分。

貧乏人がいることは社会悪だ。このことだけは私も痛感する。寺沢と話し、彼の家もなかなか容易ならぬことを聞いて気の毒に思うと共に、また何とかしてやりたいと思うのだ。自分の一身さえ何ともならぬくせに、よくそんなことを思うものだと不思議な感じがする。

九月九日（月）　昨夜は発熱。今朝も腹の模様が少しおかしかったが、大学に行った。研究室で「文学評論史」を少し読んだだけ。あとは伊藤や水高の和田、斎藤、渡辺さん達と話してすごした。今の所勉強には依然として油がのらぬ。大体試験が近いということも敗因の一つなのだが、根本的にはエネルギー不足だ。高塩から荒川国民学校における英語教授の話があった。明日共立に行ってみるが、どんな話があることか。いずれにしてもひまがある限り働こう。来年の夏頃から本格的に勉強したいと思うが、困ったことには、安心して金をためておくということができない。しかし職だけは確保しておこう。より合理的な生活は、まずこころみなくては発見できない。

◇

多くの人が仕事を求めていた。多くの失業者がいた。職場は復員者であふれていた。運輸省は、国鉄の一二九〇〇〇〇人が過剰だとして、人員整理を組合に申し入れた。船員も六五〇〇〇人が過剰だと言われていた。九月十日、海員組合はストにはいった。国鉄総連は十五日に二四時間ストをうとうとしていた。十二日、産別会議が緊急執行委員会を開いた。聴涛議長を委員長とする最高闘争委員会がつくられ、傘下各組合が共同闘争に立ち上ることを決定した。国鉄総連の伊井弥四郎闘争委員長らと、佐藤栄作鉄道総局長官らとの交渉。十三日、当局がわが折れて、整理案を撤回した。二十日には、海員争議がやはり組合がわの勝利でおわった。

九月二十日（金）　◇　昨日で試験もすんだが、ろくな準備もしなかったせいか、せいせいした気にもならぬ。

昨日は午後高塩を訪うて仕事の話をきめた。パラパラといろいろな本をめくっていたが、リラダンの「たまには地球という遊星のことも考えないこともない」という言葉に喜んだ。「伯父ワーニャ」、一応面白くはあったが、やはり戯曲というのは読んだだけではわからない。「福翁自伝」は全く面白い。生まれての自由人の面影髣髴。本はかくの如く面白くありたいもの。人間はかくの如く奔放に生きたいもの。

今日はツベルクリンを池袋で受けてから村田を訪う。試験中偶然本郷であった。質問攻めにあって消耗。軍隊の感想やら高校時代の考えやら、ある程度私の思想をはきださせられた。しかし、日本はどうなることやら。巧妙な植民地政策に感謝しながらひきこまれて行くような。我々を最も力強く動かしているものは、端的にはアメリカであり、ロシヤである。アメリカ軍が撤退したらすぐ出版すべき書物を考える。帰り道はそんな空想にふけりながら暗い夜道を歩いて来た。

人生は機会である。機会をとらえる意志であり、勇気であり、技術である。

九月二十七日（金）　図書館で本をさがして、また憤慨。全くこれで帝国大学の図書館でござるというのだから、くさってしまう。やっぱり本は買わなくてはなるまいかと、本屋の中でぺらぺらとめくってみながら、さびしいふところのことを思う。通信指導会の給料は、やっと五〇円位らしい。十月の末にならなくては、経済的安定も未だしというべきか。

マコーレーを読み出した。今度こそは長続きしたいものだが、それでも一年の間に英語は格段の進歩をしている。

九月二十八日（土）　私の急所は、私がすぐれたものであるという意識。私にふさわしいもの、今の時代にあっては、恐らく巨万の富である。

学生の境遇は面白くないには違いないが、やはり必要であるということを十分知っておく要がある。なぜならこの時代が無為に過ごされたなら、取返しのつかないことになるのだから。今の時代に為すべき最も重要なこと、それは今の物質的生活を改善することでも、友を救うことでもなく、あえて言おう、それは自らを能力あらしめること。このことが最大の要務である、ということをしっかり知っておかなくてはならない。

九月二十九日（日）　昨日今日、荒川国民学校で始めて小学生に英語を教える。もともと柄ではないのだが、やはりいろいろ考えさせられる所もある。人間の世のどんな些細な間柄にも複雑な問題があるらしい。そうでなかったら、つまらない人間はすぐに退屈してしまうだろう。

十月二日（水）　久松さんの演習は、なかなか面白そうだ。文学史の問題と言えば、現在の私の問題にも近い。これからは美学、文芸学を中心に勉強して行こうと思っている。吉田精一、「日本文芸学論攷」、大したものとも思えぬが、今の私にとって有益なもの、なきにしもあらず。家ではギュイヨーを読んでいる。実にわかり易く、よい本だ。デュルケム「社会学的方法の規準」を買った。

十月三日（木）　無知は幸福だ。知る事は、それだけで幸福だからだ。ギュイヨーの「現代美学の諸問題」は嬉しく読んでいる。共感する所、教えられる所が実に多い。

ニュールンベルクの判決が下った。世紀の喜劇、そして人間宿命の悲劇。

毎日の登校は、やはりずいぶんくたびれる。だが、この頃はだいぶ元気を回復した。これは家庭のありがたさ。栄養の点では今の時勢にめぐまれすぎる程めぐまれていると言ってもよい。

一目見てほれる。そんな事が、少くとも今の私にはあり得ないように思われる。青春へのはなむけに多少のロマンスがあってもよいなどと思う。だが恋せぬ中にいつか恋にもなれたらしい。今の私をひきつけ得る女。ああ、何時かめぐりあう機があるのだろうか。私は、はなはだおぼつかなく思う。

◇

ニュールンベルク裁判におけるナチス指導者に対する判決では、空軍元帥ゲーリング、外相リッベントロップなど一二人が絞首刑、副総統ヘスら三人が終身刑、経済相シャハトら三人は無罪を言い渡された。

市ヶ谷の東京裁判は、八月にもと満州国皇帝が証言台に立ち、自筆の親書をつきつけられながら、むざんな姿をさらしたあと、日独伊三国同盟や仏印侵入問題などに審理が進んだ。巣鴨の被告たちは五日の土曜日、はじめて獄中の広い庭園で散歩を許された。

外地でも、各地で裁判と処刑とがおこなわれていた。フィリッピンでは、マニラ市守備隊の残虐行為などの責任をとわれた山下大将が、絞首刑に処せられ、本間中将と田島中将とが銃殺された。上海監獄では、安藤大将が自殺した。北京収容所の様子は、佐藤亮一の克明な記録（「北京収容所」）で明かになっているが、佐藤は、日本人狩りにまきこまれてあらぬ嫌疑で捕えられ、八月一日には「殴られ、殴られ、殴られ、六尺ほどの角棒で殴られつづけて」失神したという。

◇

十月六日（日）　インターハイをよそにさわぎまわる二〇人の少女達をつれて博物館を見学、遊園地で遊ぶ。子供の世界というもの。

五日を期しての新聞ストも失敗。全く増配にでもなったら、いろいろな事がおこることだろう。この頃の新聞は怪奇小説さながら。住友のお嬢さんをつれて行った男。一〇人以上、果して何人若い女を殺したかわからない男。一方ではプラカード事件公判。戦犯裁判。憲法審議の重荷をおろして野荒しをまぬがれたかぼちゃをながめる金森国務相。いろいろな運命の人間がいるものだ。

◇

芝山内で発見された裸女の死体の身許がわかって、小平義雄が逮捕されたのは八月二十日。やがて次々にその犯行が明るみに出た。買出しに出た女性が甘言でさそわれた例が多かったが、この稀代の暴行魔は、海軍にはいって中国で強姦をおぼえた男だった。中国人の民家を仲間四、五人でおそった、とのちに小平は告白する。

彼は昭和四年の除隊兵であるから、すでにその頃日本軍の軍規は乱れていたということだろうか。

東京裁判はじめ各地の戦犯裁判は、日本軍の数かずの残虐行為を白日のもとにさらけ出した。東京裁判の被告もと外相重光は七月二十五日付の日記に「法廷にて秦徳純証言終り、南京事件に移り、日本軍の暴行証言に入る。醜態耳を蔽わしむ。日本魂腐れるか」と書き、また八月十五日付の日記には「宣教師の南京暴行事件の証言あり、虐殺、強姦、暴行、破壊、数時間に亙って縷々証言して尽くる所なし。吾人をして面を蔽わしむ。日本人たるもの愧死すべし」と書いている。東京裁判その他の証言が、すべて真実であったとは信じられない。誇張もあり、間違いもあった。無実の罪を背負って殺された戦犯もあった。しかし日本軍が、おどろくべき残虐行為をおかしたことは否定できないし、日本軍の軍規が乱れていたことは確実である。小平義雄は、強盗、強姦は日本軍につき物だったと告白する。もちろんそうした行為が公然化したら、軍法会議で処罰されたはずで、要するに大目に見られていた、ということだろう。上官には硬派も軟派もいただろうが、軟派のほうが部下に人気もあるし、ことを荒だてないですむとすれば、話のわかる軟派がふえて、規律がゆるんで行くのは、組織力学の法則である。憲兵のような秩序維持の機関も、時がたてばなれあって、話がわかるようになって行き、かくて退廃が進行する。

そもそも満州事変の陰謀が、そういう退廃なしには成功しないはずのものであった。板垣征四郎ら首謀者たちは、すべてを秘密の中に封じこめることができると信じ、事実封じこめてきた。陸軍はそのようなことができる組織になっていた。だから東京裁判で田中もと少将が事変の内幕を暴露した時、板垣らは激怒した。板垣は七月八日付の日記に、田中は「何でも国家国軍の秘密も凡て全部打明ける魂胆にて糞度胸を据え人間らしき点毫もなし」と書いているが、板垣には陸軍という組織の非人間性がわからなかったのである。組織の退廃が理解できなかったのである。

◇

十月十一日（金）　今日は二八円の万年筆を買った。これも生活必需品。実際この頃は金もうけの空想をすることが多い。久しぶりで伊藤とあった。雪谷の家も出ねばならぬと住宅難をかこってはいたが、相変わらず元気だった。伊藤なんかにとっては、今頃学生生活をしているのが惜しいような気がする。

「わが青春に悔なし」は見たかったが、英語の講義に出て私と江原との二人分やった。

とにかく忙しいの一語に尽きる。

十月十四日（月）　八時から三時まで講義。その後教材原稿を清書して池田氏に手交。五時まで通添委員会。はりきった男がいる。

政治は裏の社会である。大衆のうかがい知らぬ流れがそこにはある。この世界の動きに無知な人間は、時にきもをつぶすことがある。しかし大衆の心を知らぬ政治家は、野心を全うすることができない。政治家と文学者との間。世間と書斉。かつて私もそうあったように、自己の一切の問題が外界にある人がある。

昨日午前中荒川小学校に行き、午後浦高にラグビーを見に行く。久しぶりで聞く寮歌。二、三日母の調子が悪い。私は少しまぶたがおかしいが、おおむね元気、水高生にはふとったと言われる。この頃は、歩くこともあまりアルバイトにならなくなった。ずっと朝と昼はいも。量の点では概して満足。

◇

東大の通信添削会という学生の小さな組織の中で、指導的な役割を果していたのは、私のいわゆる「政治家」たちであったが、広い世界で大きな力をふるっていたのは、政治的な組織体であった。中国の国民政府主席蔣介石は、酒もたばこものまない謹厳なクリスチャンだったが、彼を長とする国民党の組織は、必ずしも謹厳ではなかったし、中国を実際に支配していたのは、国民党という組織体であった。国民党は、「大衆の心」を知っていたか。日本との長い戦争の間に、組織の力を強めたのは、国民党より共産党であった。日本が降伏した時、国民党系の軍隊およそ四〇〇万に対して、共産党がわは正規軍だけでおよそ百万。それ以来両者の長い交渉と、その一方で絶え間ない烈しい戦闘が続いた。アメリカの特使マーシャル将軍が調停工作に当っていた。国共両者の非難のやりとり、そして背信のくり返しの中で、マーシャルはしんぼう強い努力をつづけ、十月五日には第三次の停戦を実現させた。が、それは相方の代表者間の約束であって、戦場での事実ではなく又しても同じことのくり返しであった。マーシャルは、本当に停戦ができると思っていたのだろうか。マーシャル個人の心中はともかくとして、彼を中国に派遣したアメリカ政府の意図は、共産党勢力の阻止にあった。国民党の支援にあった。では、中国共産党の意図は、どこにあったか。交渉役の周恩来は、熱心に戦争をやめるべきだと主張し、ある時は国民党の戦闘行為をきびしく非難した。が、彼は果して戦争をやめられると思っていたのだろうか。周恩来個人の心中はともかくとして、中国共産党はあきらかに戦争による勝利をめざしていた。革命は銃から生まれる、というのが中国共産党の信条であった。ただマーシャルの斡旋工作にのって全面戦争を引きのばすことが、その時点で不利でなかったということである。

十月十五日、ナチスの幹部ゲーリングが獄中で自殺した。かくし持っていた毒薬を飲んだ。翌十六日、リッベントロップら一一人が絞首刑に処せられた。ニュールンベルクの法廷で明らかにされたナチスの所業は、あまりにも残虐であり、ナチス首領の断罪は当然のことと受けとられた。事実、当然であろう。ただしかし他国への侵略もユダヤ人の大量殺戮も、すべてヒトラーを独裁者としたナチス組織の所業だったので、またそのナチス組織をかつてドイツ国民の多数が支持したのである。どうしてナチスのような組織が育ち、どうしてそれが国民の心をとらえ、どうして変化し、どうして惨事をまねくにいたったのか。それこそが問題であった。日本の場合は、ナチスのような党派的な組織が政治を動かしたのではなく、満州事変をおこしたのは陸軍の一部の高級将校で、その陰謀が成功するや陸軍の組織が加担し、たちまち大日本帝国という国家組織が引きずられてしまったのである。大日本帝国は、陸軍という組織の独断専行を阻止することができなかった。それは、なぜか。

それこそが問題であった。ナチスという組織、大日本帝国、あるいは日本陸軍という組織がおかした罪悪は必ずしも特殊なものではない。たとえば、共産主義の組織や民主主義の組織は、そういう罪悪をおかさないか。収容所列島を作ったのは、共産党の国家であり、原爆を二発も落したのは、民主主義の国家であった。思想だけの問題ではない。もちろん指導者だけの問題でもない。組織には共通の生理があり、同種の力学がはたらき、またどんな組織も変化する。そして組織が、人類の運命をにぎっている。

◇

十月二十四日（木）　今日は雨、珍しく家にこもる。昨日は少し熱っぽく、三時頃には帰宅。近頃はつかれるのも道理、私のまわりを幾重もの世界がめまぐるしくまわっている。昨日の高塩の話では、日土講習会は今度限りと。大した報酬にもならないのだから、私にとってもよいかも知れない。

母がねてから二週間、りんごを買おうと言ったら、三円、四円のあり金をはたく弟たちの心を嬉しく思うが、ああ、金というものはほしきものかな。そう、昨日は増配の朗報があった。多少不足のことはあっても、もうあの悲惨さは味わわなくてもよいだろう。

十一月一日（金）　第四回の教材を書きあげる。あと一回で一応の義務は終るわけだ。今日は増配の米十日分の前渡し到来。いもも大分あるし、これだけ食糧が豊かに家につまれた事は今年になってない事だ。いつの間にかきたり迎えたが、切に待ちのぞんだ十一月だ。時は過ぎる。時は来る。これだけは実に確かだ。二、三日前君子さんが長岡へ行って、炊事は主に襄がやっている。母はねてもう三週間以上。昨日今日腹をこわしたのか父もねている。この頃私は講義に出ていない。ともかくも忙しい。一昨日は国文演習。赤恥じをさらした。今シナリオを考えている。締切は十二月末日。江原に大体の筋を話したら、構想力よしとほめられて、俄然気をよくしている。今日成績が発表になった。全く意外の好成績、さすがに気分悪からず。

十一月二十五日（月）　大分日記を書かなかったが、この間事柄は実に豊富。

二十日、寺沢に借りた小宮豊隆の夏目漱石をずっと読んでいる。なかなか面白い。いろいろ考える事もある。同日若葉会で平林たい子をよんで座談会。日本人の性格の弱点を主に話があった。なかなか勉強しているのに感心。もの足りない。これが否定。

二十二日、金。大学で音楽を聞く。芸術というもの。いわゆる文芸思潮なるもの。しかし滅びない世界がある。

二十三日は柏までいもの買出し。四人で二俵かついでくる。

二十四日、午前畠に行って人参やごぼうやかぶをとってくる。午後長四（長崎第四小学校）の同窓会。元岡の戦病死を聞く。大堀は美しくなった。

◇

平林たい子は四一歳、長い闘病生活の後、ようやく健康をとりもどして活躍をはじめていた。『展望』十月号には、「かういふ女」がのった。夫小堀甚二が昭和十二年、人民戦線事件で検挙されてからの苦闘の日々を描いた作品である。が、私は読んでいなかったし、平林たい子について、ほとんど何も知らなかった。

平林たい子を呼んだ「若葉会」は戦後の東京豊島区に生まれた若者たちの会。

◇

十二月八日（日）　めぐりきたる開戦の日。くもって寒い。午前中は漱石の倫敦塔などを読み、おおむね寝る。午後畠へ行って、大根をとってくる。

六日、滝田が妙な頭痛で江原の所にねこんだので、一泊してつきそい、七日の夕方帰る。三時頃まで江原と語る。彼の恋愛を聞く。七日、通添編集会議。指導部の賃金値上げ要求にて、こちらも増収となり、更に一〇〇円渡さる。林檎二〇円滝田に買う。これから月給は前渡しとなる由。まだ三〇〇円は近々はいる見込。やっと長靴が出来た。（注、軍隊の長靴を半長靴になおした）夏アルバイトをやった時は、はきものがなくて参ったが、これからは大丈夫、どんな事になっても働くのに不自由はあるまい。これこそ生活必需物資。私のインフレ第一対策というところ。六五円。

六日、三丁目で大原、安原にあったので、宝籤を買って煙草をやる。この前程可能性を信じ夢をいだくわけにはいかないが、やはり待望する心。ともかくも近頃は面白くない。正月三日江原の所でのコンパが待たれる。宝くじで一〇万円が実現したら盛大なコンパとなろうが。

ポーレー案、賠償案は徹底的。くそと思う。そうだ、昨夜の夢は未来の対米戦だった。小さな飛行機が、そして科学兵器がアメリカを強襲していた。夢と言えば六日の夜だったか、母が死んだ夢を見て、わんわんないた。三九度八分あったと聞いた夜だった。

舟橋尚道演説の場面、ニュース映画にあらわれたと江原の話。毎日に京都帝大代表の栗田、三宅氏、大学自治擁護のため上京と。追放令に関して東大がさわいでいる。早稲田も何だかにぎやかだ。水高の面々、あちこちで結構動いているのはやはり愉快だ。海外引揚同胞援護会に東城、総同盟に上条、社会主義学生同盟に磯野。皆あまり利口とは言えぬが、水高の景気をつけてくれるのは嬉しい。

◇

騒然たる世であった。労働攻勢の中心は、官公庁労組で、官公庁労組の指導権は共産党がにぎっていた。

学生運動も、組織的なものになりつつあった。

◇

十二月十一日（水）　十日、母と語る。久し振りで英語に出る。国文の会にちょっと顔を出し、四時近くから通添準備委員会。家に帰ったのが九時半。全く会はどうなることやらわけがわからぬ。荒井という男は政治家だ。元来東大には政治家が多すぎはしないか。もっとすなおに物事ができないものか。

十一日、宇野と語り、共に帰り、彼の下宿に行く。おれ達は若い。無理をすまい。昼休、松丸氏の話、米ソ戦の危険。無能力者日本。

十二月二十三日（月）　二十二日、叔父、弟二人と五日市までいもの買出しに行く。割合に平淡な気持ではあったが。二十一日は昼神山から菓子を受け取り、石井と共に病院へ。伊藤が来ていた。楽しい一時。二十日朝、西荻窪の板谷保険に求職に行く。くつをとられて、本当に泣きたいような気持だった。残した靴があった事は、まだしもの幸。必需の品。運命的なものを考えるのは人の弱さだが。

◇

二十一日に行った病院にはいっていたのは、滝田だった。医者からは絶望的な宣告を受けたという。が、彼を囲んで石井、伊藤と四人で過ごした時間は「楽しい一時」だった。

二十日に「板谷保険」でとられた靴は、軍隊から持ち帰った将校用の長靴を店で労働用の半長靴に直してもらったものだった。それをとられてしまったのである。

◇

十二月二十七日（金）　先日買ってきたいもはひどくまずい。はき気さえ出る。食事が楽しみでなくなる事は苦痛。往年の外米を思い出す。昨日は少しきってほした。できるだけほしたいのだが、今日は雨。正に憂欝。終日ふとんの中。ねむくなれば、そのままねる。眼がさめれば、ショーペンハウエルの老人哲学を大した興味もなしに読む。二十四日、病院へ。加納、上牧と立川であい同道。加納に一か八かの道を聞く。さすがそれほどの元気はない。しかし言うことはおおむね正しいようだ。二十五日、十二月分と一月の前渡し四〇〇円をもらう。弟たちに合計四五円。

◇

滝田はある日の病院で、私の母のお見舞にと言って牛乳をくれた。牛乳を飲んだ母は鉛筆で書いた次の詩を私にくれた。

◇

外套を着たまゝ
我が枕辺に坐りし吾子
「病友の好意なり飲み給へ」と
すゝめられし牛乳
かつえしのどをうるほして
胃液にしみ入る冷たい牛乳
たゞ一息にのみほした
一杯の牛乳
釈尊の乳糜の味もかくならめ
グラスを透すコハク色

ほのかにのぼる甘き香
表面にうかぶ七色の光彩
舌にのせればむっくりとした
濃度の高さ口にふくみて
心ゆくまで味えば
あゝなつかしき母の胸
友誼に厚き若人の
その純情とあやなして
わが目がしらぞうるみける

◇

この詩を滝田におくると、彼が返してくれた歌。

◇

荒らけき世の人離《さか》り魂合へる
人等寄り添ひ和みつゝ
生のやすらぎわかつ嬉しさ

昭和二十一年（一九四六）

たまきはる生命かそけくひよめくを
ほのぼのかたみにあたためつ
ほとつく息のやすらけきかな

昭和二十二年（一九四七）

一月二日（木）　日はかげって寒い日。菊地と遠西から便り。一日ふとんの中「静かなるドン」をとばしとばし読んだ。

昨日、お隣からもらった餅で乏しいながら雑煮を祝う。それから藤野の家で旺盛に飲んだ。そして二階で歌ってねた。町では紋つきはおりが、きかざった女の児を相手に羽根をついていた。夕暮の道を帰りながら……家では乏しい材料で正月の料理をこしらえている。豊かな、はなやかな外の生活にひかれて外出勝ちな男がいる。「男の人は我がままだ」とK子さんが言った。そしてそれ故に身をまかし得ぬ不安を訴える。しかし何とすることができるのだろう。私も、むごくもつぶやかざるを得ないのだ。「男にとっては恋愛は一つのエピソードだ」と。

昨夜はねながら考えたが、私は私の現実を冷静に考えることをおそれている。何時かはおそろしい時が。しかしそれまでは一日の偸安にふけりたい。どうにもならないことなのだから。

母には楽をさせねばならないとは思うけれど、私は一人の生活をきずきたい。獣的なエゴイズム。何と理論づけようと、結局それ以外の何ものだろう。しかし人間は、その力にふさわしい愛情しか持つことは許されぬ。戦は、地上で行なわれるのだ。

一月七日（火）　五日五時家を出る。石井、佐藤、伊藤と共に七時二五分の東武線。ほぼ順調、一時頃には江原の家につく。常田、田岡もおくれてくる。酒相当、皆快調に酔う。常田の即興漫談で時を過ごして、就床したのは一時頃か。翌日、高崎まであるき、八高線で帰る。これで、まず今年の正月は終った。また寂漠たる学の世界へ。

一月十一日（土）　渡辺さんと語る。エゴイズムをみとめまいとするような安価な思想に誰が同感するのだろう。

大学の理髪所で調髪、たった三円だったが、おそまつさにかんかん、少なからず心痛す。ともかくみっともない恰好はしたくない。

◇

その日、全官公庁労組は、皇居前広場でスト態勢確立大会を開いて、ゼネスト宣言を発した。一日のラジオ放送で、吉田首相は「政争の目的のためにいたずらに経済危機を絶叫し、ただ社会不安を増進せしめ、生産を阻害せんとするのみならず、経済再建のための挙国一致を破らんとするがごときもの」の行動は排撃せざるをえないとし、「しかれども、私はかかる不逞のやからがわが国民中に多数あるものとは信じませせぬ」とのべた。その吉田首相の挑戦で、「事態はまさに最悪の段階」にはいったと、ゼネスト宣言は断じた。
労組の闘争の高まりの中で、吉田首相は社会党のだきこみをはかり、西尾末広や和田農相を通じて連立内閣を工作したが、社会党左派の松本治一郎、鈴木茂三郎らの抵抗で、成らなかった。

◇

一月十二日（日）　一篇をものすべく、幼少年時代の思い出を少しずつ書いている。またゲーテや「近代文芸十二講」を読んでいる。全く時間が足りない。午後久しぶりで畠に行き、久しぶりで空腹の苦痛。

一月十七日（金）　昨日午後江戸川中学校に内田先生を訪ねる。白髪がふえていたが、境遇は割合いめぐまれて居られるらしい。だいぶおだやかになられたような印象。池袋まで出て、喫茶店とやみ市のそばをおごっていただいた。すごい散財をおかけしてしまった。

一月二十日（月）　午前中図書館で三木清の「文学史方法論」を読んだが、寒いし、さっぱりおちつけないので、昼には早々にして出てきてしまった。佐藤から住み込み家庭教師の口、見込みありと。しかし何もかも解決しない。問題はますますふえ、ますます迫ってくる。

一月二十七日（月）　二十三日は通添委員会。二十四日は文学部学生大会。人が不満を感じながら、それを敢えて述べようとまではしない所につけこむ政治家の腕。二十五日朝、襄、長野よりかえり、アルバイト資金として一万円をかりてきた。二十六日、日曜は終日読書。夜は叔父さん等と語る。父の若き頃の事など。

一月二十九日（水）　満員電車の中、うら若い少女と真正面からだきあって、パーマネントのみだれ髪が私の顔にふれる。この頃盛んに性欲の発動を感ずるのも無理からぬ話である。

今月中に通信添削の原稿を書きあげねばならぬし、三月になれば試験。この頃極めて多忙だが、何だかはりきってきた。私が最も有効に生き得るには、絶えずかなり強い刺激がないといけないらしい。

◇

その日、政府と全官公庁共闘と中央労働委員会三者の交渉が続いた。政府は第二次回答を示し、中労委との交渉で更に修正したので、中労委は、共闘がわの了解を求めようということになった。中労委の労働者がわ委員は松岡駒吉、荒畑寒村、伊井弥四郎、徳田球一、西尾末広の五名。徳田が、ではおれが行ってくる、と出て行ったきり、いつまでももどってこない。実はその間、彼は組合指導者たちにむかって、あんな案ではダメだから、断乎ゼネストにはいれ、とアジっていたのである。

同日付「アカハタ」には、民主人民政権を樹立しなければ、ゼネストの目的は達成されない、という徳田の論説がのった。

徳田にひきいられた闘争委員会にとっては、問題はもはや経済的な要求ではなく、革命であった。民主人民政権の閣僚名簿が伝えられた。首班は社会党の松本治一郎、内相は徳田、外相は野坂。

三十一日午後、マッカーサーがスト中止を命ずる声明を発表した。伊井全闘議長、土橋全逓委員長、鈴木国鉄総連合委員長は、ラジオを通じてスト中止指令を放送するよう命ぜられた。午後九時二〇分、伊井は涙で声をとぎらせながら、スト中止命令を伝え、「一歩退却、二歩前進」を訴えた。

当時北海道第二師範学校の教員だった山田宗睦は、その放送を聞いて「やりやがった、ちくしょう!という無念さ」がはしったという。「無念の対象は占領権力であり、この無念さは持続的だった」と。（『戦後思想史』）

◇

二月三日（月）　二・一全官公庁ストは、マックアーサーの命令によって中止となった。その日伊藤と神田に出て、多くの本に垂涎して、しみじみ金をほしく思った。二日、内田先生のお宅でコンパ。桑谷、渡辺、鶴田、河野、鈴木哲、鈴木政。天皇制のことなど話せば、久しぶりに談欲さかん。今日は終日ふとんの中で「詩と真実」を読む。

◇

桑谷以下六人は、長崎第四小学校六年の時の仲間。内田先生が六年二組の担任の先生。こわい先生だった。いま江戸川中学校の先生だった。

◇

二月四日（火）　珍しく英語に出る。江原から中国文学に関する資料をかり、葉紹鈞をとりあげることにして、夜五つばかり短編を読む。

二月五日（水）　柿崎さんからの学資金を有効に使おうと思う。いよいよ紙が払底してきて、ぐんぐん価があがる。今日は少し原稿用紙とノートを買ってきた。省線の定期を買う。

二月九日（日）　昨日は月謝をおさめてから詩歌論史のノートをかりようと思ったが、鈴木氏見当らず断念。石井とぶらぶらしていたら安東仁兵衛が来、滝田も来たので喫茶室におごり、石井、滝田と三時頃まで話す。石井が屋台で酒を売って、白十でうまいパイをおごってくれる。二人とも最低生活を保証してくれれば閑な職がのぞましいと言うが、その最低生活が問題だ。思うにやはり小市民的楽しみに事欠かない程度ではなくてはならぬ。

今やっと中国文学のリポートを書き上げる。これから通添の原稿を書かねばならぬ。

◇

やがて有名な学生運動家になる安東仁兵衛は、水高の二年生で、ラグビー部の後輩だった。高校連絡会なるものに出席するために上京したので、すでにその道を歩み始めていたのだろう。また彼が親しんでいた水高の梅本教授は、「展望」二月号にはじめて「人間的自由の限界」という論文を発表した。かつて和辻哲郎の弟子だった梅本克己も、いま真剣にマルキシズムについて考えていた。安東も梅本も、また山田宗睦も、一年数ヵ月前に解放された徳田や志賀や神山や宮本を中心として、すでに奔流となった共産主義運動のしぶきを全身にあび、新しい活動へと気負いたっていた。滝田も元気をとりもどしていた。

◇

二月十九日（水）　人生、明日の可能性も無限なはずだが、どうも私には女性は縁なき存在であるらしい。恋愛は、私の頭の中でしか、あり得ないのではなかろうか。何と言ってもこれはさびしいことである。与えられないものは、うばいとろう、とは思っても、そんなことができるか。大学がひまになったら、ロマンスを求めてさまよおうか。男女共学、ああ、あまりにもおそかりし。

◇

私が小学校から高校まで一四年間の学校生活の中で、男女共学のクラスにいたのはわずか二年半で、十一年あまりは男子だけのクラスだった。昭和六年に六歳で入学した仙台の宮城県師範学校付属小学校は男女共学のクラスだったが、翌年の秋、一家は東京に移り、私は豊島区の長崎高等尋常小学校に転校、そこのクラスは男ばかり八〇人ほどで、担任の先生はいつも長い竹ざおをふりまわしていた。昭和八年に長崎第四尋常小学校が誕生した。そこで私たちが五年生になった時の学年は、男子のクラスが四七名、女子のクラスが五九人の二クラスだったが、六年生になった時、学校の方針で、二クラスの男女組ができたのである。一組は男子二四名、女子三七名、私たち進学組の二組は、男子二三名、女子二二名。その六年二組での一年間、クラスの男女が校内で親しむことはたぶんなかった。男女が妙な間柄の一年間だった。そして卒業後、昭和十二年からの中学での五年間と昭和十七年からの高校での三年間は、もちろん男子だけ、加えて家には三人の弟がいたのである。

◇

二月二十一日（金）　十九日は昼まで石井とダベる。戦争というものを本当に体験し得た自信、貧弱な魂には、体験すべく、戦争はあまりにも偉大である。

志水さん、渡辺さんと稲木さんの所へ行く。福本和夫の「獄中七年続」があったので通読。いよいよ共産党なるものがわかったような気がする。近代性とは、思想の問題ではない。彼等の気分と性格とは封建時代そのものである。

二十一日、試験はかもいと吉森にはげまされ、村野氏に文芸学をかりる約をする。明日は鈴木氏に詩歌論史をかりられるはず。今日文学史を書きあげた。室井にさそわれて、江原とカフェー・ミマツに行く。岩倉具視の孫なる主人、仏文的雰囲気、ともかく全くちがった世界。

連日炊事、いささか消耗。K子さんも長いことはないのだろうし、後は一体どうなることやら。

二月二十四日（月）　二十二日には叔父さんと裏の誕生祝。本間さんもくる。酒をチョコ一ぱいしかまわしてくれないので、余興のもとめに応ぜず。ただ母のために不愉快な顔は見せず。

今日は十時頃家を出て、伊藤、佐藤と喫茶室に語る。スエーデンの驚異など。吉森に新しい哲学のことなど聞いて有益だった。

二月二十五日（火）　文芸学のノートを借りて、夜読む。江原の下宿で大いにダベる。総長はやはりすごい、とおれが言い出したことから。

◇

南原総長は二月十一日、紀元節の式典で「民族の再生」と題する演述をおこない、真の革命は国民の新しい精神に対する憧憬、すなわち永遠なものの追求、自由な精神の創造によってなされなければならず、敗戦の痛苦や過去の不正義に対する怒りと憎しみから生まれたものであってはならない、と述べたのである。

◇

二月二十八日（金）　実際とんでもないことをしてしまった。宇都木に教育のノートをかりてもらって、吉森、家名田と喫茶に行ってみたら、何時の間にやら紛失していた。全くあやまりようもない。もう試験を受けるファイトもなくなった。

帰って、アメリカの生活とかいうパンフレットを読んで、だいぶ有意義だった。生活の合理化、個人の独立、すべて具体的に進めなければいけない。

だが、今日ノートを紛失したことは、思い出すたびに心を痛める。何として良いのかわからない。こん棒で頭をなぐられたような感じ。偶然の過失がいかに人を苦しめることか。

明日は詩歌論史の試験があるが、一度も聞いたこともないし、ノートを読んだこともなし、どんなことになるのやらもわからない。大学一年の生活は、ともかく惨澹たる終末だ。

三月二日（日）　春雨の降る日曜日、襄と晃はじゃがいもをうえに行く。宇都木、ノートのこと奔走してくれて、私も卓さんからノートを借りられ、何とかうつして返せそう。朝からうつしている。案外進まないのは消耗。

三月三日（日）　とてもくたびれた。何しろ九時ちょっと過ぎから一時まで教育行政のノートをうつし、文芸学のとんでもない問題に二時間苦心したのだから。あの過失さえなかったら、この試験も案外のんびりやれたものを。

今日は全く春らしい日、霜焼がかゆい。もう寒くても知れたもの。ストーブをたいたことがあった、などということは夢のような話。そういう時も再びくるだろうか。春だけは再びやって来たが。

三月七日（金）　今日の英語を以て試験も終った。やはり時はたつ。昨日は江原の所にとまり、英語を一通り見た。今日は東城と少し語った。彼も至当な悩みにあっている様子。

三月八日（土）　午前中、台所でくらす。ぼたもちを作ったのだが、うまいものよりは閑暇のほうがよい。夜、村田さんの所で若葉会文化部の幹事会。若葉会もなかなかおちついて、メンバーもそろってきた感じ。

三月十四日（金）　十二日から、三日間家で過ごす。家事繁雑で十分読書し筆をとり得たのは今日のみ。昨日我楽多文庫でウイルヘルム・マイステルをかり、読んでいる。遅配ここに十六日。これでも米を食っておれるのだから、家の余力も一応大したものだが、そろそろ底をつく。配給所にはアメリカの粉がきているのだが、もったいぶって、なかなか配給命令を出さない。この頃は供出などに進駐軍がうるさくのりだしてきた。その気持もわかるが、ともかく面白くない境遇だ。

三月二十二日（土）　十時藤野と大学で待ち合わせ、泰西名画を上野に見に行ったが、人が多いのでやめて映画「断崖」を見る。文学部発表、茂木が落ちただけで知った連中は皆パス。全くよかった。今まで大体読書。知識欲のみは旺盛。「神々は渇く」面白かった。一収穫とすべし。

近頃アメリカ大分はっきりしてきた。公然共産主義排撃を叫ぶ。伊藤律舌禍問題。マックアーサーはおだてているが、ともかく現実は現実。

◇

伊藤律は共産党の政治局員。東京工業大学に招かれて講演をした時、アメリカの占領政策にふれて、「我々は全アジアの勤労大衆をして、彼等の敵が米英の帝国主義であることを理解させねばならぬ」と語ったのが、そのまま学友会の新聞に掲載され、司令部に召喚されたのである。

アメリカが「公然共産主義排撃を叫ぶ」とあるのは、いわゆるトルーマン・ドクトリンをさしたものだろう。米大統領は三月十二日、上下両院合同会議でギリシアとトルコとに対する援助を要請する演説をおこない、その中で次のように述べた。今自由な国々が侵略的運動に対抗しようとしているのを我々が援助しなければ、国際平和はおびやかされ、ひいてはアメリカの安全も崩されるにいたるだろう。テロや弾圧、出版、放送に対する検閲、選挙干渉および個人の自由の制限を手段とする少数者の圧迫、ならびに国外からの圧迫、それらに反抗しつつある自由な国民を支援することこそアメリカの政策でなければならない、と。

世界的に共産主義勢力の伸張が、めざましかった。前年十一月のフランス国民議会選挙では、共産党が一八六議席をしめて第一党になった。

◇

四月二十一日（月）　今日で六日家にこもっている。一昨日は常田、滝田が見舞いにきてくれた。叔父さん出張よりかえる。名古屋、大阪間ヤミヤの暴状など。昨日は日曜、皆は畠。私は家で薪をわる。午後参議院の投票にでかけ、風呂に行く。夜は停電。久しぶりで寮歌など歌う。今日は主食の配給があると思うのでどうも気がおちつかぬが、今まで回顧を書いた。でも配給をとりに行くのがいやだと思うのだから、ずいぶん事情は好くなったものだ。

常田、滝田の話によると、例の米軍召集が大分来ているとの事。もっとも飛行時間二千時間くらいの者というから大丈夫だが、行ってみたいという心もある。私の心は日本がいやになったのか、まだ執着があるのか、一体どちらが強いのだろう。

◇

辻政信「潜行三千里」によると、辻は当時南京で、国民政府の国防部の職員として、情報関係の仕事をしていたが、その五月のはじめ日本から旧陸軍の将校が三人きたという。国賓待遇で迎えるからという話できたのに、実際の待遇はひどかったというが、そういう類のことがあれこれあったのだろう。蔣介石が、共産党との戦いに積極的にのり出していた。彼は黄河をさえ利用した。黄河の水をはんらんさせ、ために五百近い村が水没し、一〇万もの人びとが家を失った。彼は犠牲を恐れなかった。無謀をも恐れなかった。彼の軍隊はしゃにむに共産軍を攻撃して、三月十九日には延安をおとしいれた。

◇

四月二十三日（水）　昨日は早く大学に行く。いちょうの若葉が見違えるほどしげくなってしまったのにはまずおどろいたが、他には大してかわったこともなし。図書館でちょっと「明治思想史」を読んだが、心がおちつかなくて出る。兄部等いろんな連中にあったが、浜野、佐藤と喫茶で話し、昼を食べてからはもはら佐藤と語ってしまった。三時半頃外に出ると、水高の安東にあう。共産党シンパになったと。ちょっと話す。しかし彼ほど率直淡白な男もめずらしい。さてそろそろ夕飯の用意をせねば。

◇

貴族院が廃止され、参議院が生まれて、その第一回選挙（四月二十日）の結果は、二五〇議席のうち無所属が一〇八をしめ、社会党が四七、自由党が三九、民主党が一〇、共産党が四、諸派が一〇となった。無所属の大部分は官僚や財界人であったが、山本有三、羽仁五郎のような異色もまじっていた。羽仁は当選の抱負を、貴族院が軍閥的官僚的日本の背骨だったのに対して、新しい参議院は文化日本の背骨にならなければならぬ、と語った。

◇

四月二十五日（金）　九時頃衆議院の投票に行く。薄日の寒い日。昼飯後母と語る。父との結婚は間違いだったと涕涙。私も思わず涙を流してしまったが。人間的教養は社会、もっと小さく言えば、身近な他人への義務でもある。何が幸福をもたらすものか。それを知る為に人間の一生がついやされるということは。

四月二十七日（日） 午前中畠。父がせっかくの予定をめちゃめちゃにすると裏むくれる。人の感情は貴とばねばならない。帰り途、若葉会の面々、珍しく制服制帽で区議立候補の内田氏応援。

衆院は社会党第一党。まだまだ波瀾が予想される。たまにはフェヤー・プレイもやってみたら。

◇

社会党の当選者は一四三名。第二党が自由党で一三一名、つづいて民主党一二一名、国協党二九名、共産党四名。

社会党は、前年の第二二回総選挙の九三名より実に五〇名の増となった。共産党は一名減で、獄中一八年の志賀義雄も落選した。二・一ストの伊井議長も落ちた。二・一ストに二六〇万の労働者を動員することのできた共産党は、三〇ないし五〇の当選を予想していたが。得票数は約百万。参議院の全国区では約五五万だった。二・一ストが敗北したためもあっただろうが、むしろその程度の得票能力しか持たない共産党が、二・一ストを構えることができた、ということである。生活苦があった。不満があった。そして新しく組織された組合と、組織に対する日本人の同調性、忠誠心、それを共産党は利用できたのである。

◇

五月一日（木）　局で封鎖をおろし、授業料を収めに行ったが、あまりならんでいるのでやめる。例によって水高出の連中には結構よくあうが、大した話のない連中とは早くわかれる事にしている。研究室で少し源氏を読む。

昼石井を待ったが来ず、伊藤と大分語る。社会に対する若々しい気持が必要。職業はえらばなければばならない。働きがいのある所。自分の能力が生かせる所。ちょっと音楽会を聞いて帰る。「人間的な、あまりに人間的な」を読み始める。ニイチェは近い。

五月二日（金）　早く会計に行ったら、為替の印がうすくてうけとれないと。どうもこういう事務がわずらわしくて仕方がない。図書館で「人間的」を読み、十時から始めて辰野さんに出る。面白い。出るべきだと思う。「辰野さん」は、仏文教授。

五月四日（日）　昨三日は憲法公布記念日。あいにくの冷雨。朝ちょっとねた後ずっと叔父さんと将棋。三勝一敗。

◇

マッカーサーは、新憲法施行を記念して、以後日本国旗を自由にかかげることを許した。「朝日新聞」の「天声人語」は「ドイツにはまだ国旗さえない。長い間ナチ党旗が国旗にすりかえられ、終戦後も分割占領で一つの中央政権すらいまだに生れない。国旗さえまだ息を吹き返さないドイツに思いくらべて、謙虚な喜びを感じない日本人はあるまい」と書いた。

◇

五月五日（月）　四日は午前中ドブの掃除をする。若葉会の山下嬢きたり「若い人」読書会についての助言を求む。結構良い気持で話していると、常田、滝田くる。例によって散漫な話だったが、ヴァンデヴェルデを持って来てくれた。二人を送って池袋に行くと、演芸会をやっていた。日本舞踊で、すばらしく上手だということはわかったが。何だか色っぽい一日。

今日は昼頃大学へ行く。花電車を見る。昼から五時まで伊藤、常田と話す。真実とは何であるか。つくづく自分の言葉の未熟を嘆く。

五月六日（火）　十時頃学校へ行く。午前中「源氏」を読む。昼、石井、常田とだいぶ激論。映画におけるイデオロギーについて。英語に出てねる。成績発表、四甲一乙一丙とはまずまず。

五月七日（水）　昼から雨が降るというので行くまいとも思ったが、何時もの通りちょっと筆をとった後登校、九時頃、木村さんの「マイステル」に出る。、つまらぬダベリに費すよりは良い。ゲーテとベートーベンの事。

明日八中に行かねばならぬが、何を話したものだろうか。中学三年生相手ではなかなかむずかしい。

物価引下げ運動が全国的になりつつある。このインフレ、何とかなるものだろうか。この頃まだ金があるため、全然アルバイトなどやる気がない。実際やらないですむ間はやりたくない。何せ、ひまはないんだから。

◇

都立八中の夜間部につとめていたのは伊藤勤。水戸高で私の一年後輩、しかし理科生でまた剣道部員で、文科ラグビー部員の私と直接の関係はなかったが、担任クラスの生徒たちに何か話してくれ、と熱心に頼むので、引き受けてしまったのである。

◇

五月九日（金）　昨日午前中、何を話そうかと考えたが、どうも妙案が浮かばない。やっと「善と悪」ということにきめて、筋を考え、回顧をちょっと書く。早昼で大学へ行き、常田と共に中島健蔵の「現代の日本文学」なる特別講義を聞く。なかなか面白い。ともかく嬉しかった。これから聞こうと思う。

四時頃、高城と市電、吉田の所に寄る。銀座をあるきながらメッチェンの採点をしたりした。夕飯を食い、七時に間にあうべく、おそく帰った吉田とはただあっただけで、八中へ。自治会とやらでおくれ、八時頃から始まる。はじめめんくらったが、しばらくたてば快調。質問などあり、自分としては最善の結果だったと思う。ただどうもむずかしくなったきらいあり、でもなかなか熱心に聞いてくれて楽しかった。話しは場当りで、知識の向上が必要なことと、社会の状態、個人の成熟の度に応じて、基準を考え、徒らに言葉にとらわれてはならないこと、などを説いた。

終って浜田という人、今度昼間の四年に合格した秀才だと聞いたが、「けいがいに接したい」などと言われて愉快を感ず。うれしい人もいることだ。すこやかな成長を祈るや切。伊藤勤、S氏と夜をふかす。大いに歓待されて楽しむ。S氏の純な人柄に感ず。所を得せしめたいものとつくづく思う。

夜学生。マジメな夜学生のことは心をうつ。勉強を求めながら、今の混乱にろくな授業も聞けないと訴える衷情。

豊かな人になりたい。奉仕そのものを思える人になりたい。今の私は、あまりにも貧しい。

五月十日（土）　珍しく七時頃家を出、久松さんの演習に出る。伊藤勤の依頼を果すべく、また男女共学の実を発揮するの意図もあり、果敢井上さんなる人をとらう。帰路若葉会の三上さんにあい、語りつつ帰る。この頃はだいぶ女性との近付きがあるが、ともかく女性のいない生活は全いものでないような気がする。

一時から川田、大塚両氏の講演あり。大して面白からず。川田氏のはだいぶいねむりして、拍手の音にびっくりした程。大塚さんも期待に反してピンぼけ。彼氏は淡々としてロビンソン・クルーソー的人間を近代人として、それへの努力を肯定するが、そんな古びた理想主義はたくさんだ。講演終了後、映画「学生は何処へ」。むしろこっけい。日本では時流にあえば、いかに低劣でも存在価値を持つらしい。政治家の横暴なる所以である。「うたかたの恋」、印象はあまり強烈ではなかったが、一応見られる映画。人生はままならぬものではあっても、ばからしく見えるものでも、だまってみていたくはない。やはりこの場で生きてみたい。

五月十二日（月）　十一日の日曜、昼頃から各地雨の天気予報を気づかいながらも東京駅へ。昭和十九年度水戸高校の一寮で、三年生だった私と石井、二年生だった一二人、一年生だった遠西の計一五人。海岸に出て、松林に上って、飯をくい出した時に雨。廃店のような家にしばし雨やどり。長谷の観音、大仏を見、屋台で、一休みして帰る。淡白な旅ではあったが、本当にめぐまれなかった人びとの発案と久方ぶりの会合は、しみじみ心にしみるものがあった。帰路、石井の家に沈没、雨が時に繁くなったり、話にみが入ったりして九時頃まで。

芦田の葉書を見る。胸が迫った。一条の男。かくも涙ぐましい生活があるだろうか。捨身でなければ、彼は生きられないのだ。

舟橋は強かった。彼は高校生活でも徹底的に勝ちぬいた。舟橋に偉大な強さを見るが故に、そしてすぐれた政治家の典型を見るが故に、私たちは政治家への挑戦の必要を痛感する。民主主義の要諦は市民が政治家をえらぶと同時に、きたえることにある。

今日はつかれたと見えて、午前中はすっかりねた。午後落合九中校長の御父の告別式に行く。龍泉とて不便な所。

政治と文化の中間にたった評論家になろうか、などと思う。土田杏村的な生涯は、かなり魅力的だ。

◇

「落合九中校長の御父」は、都立（府立）五中の第二代校長落合寅平。その子息、矯一先生に、私は英作文を習った。頭のきれる、熱心な先生だったが、昭和二十一年四月、九中校長になり、彼の下で九中は、みごとに生まれ変わった。当時の生徒板垣雄三は、後に次のように書いている。「あの頃のぼくらは戦闘帽、雑のう、地下たびか下駄といったいでたちで通学していた。雨の日には電車が止り、板橋駅の地下道は水浸しになる。焼けただれたガラスの粉がまだ散乱している廊下をぼくらははだしで歩いた。窓のガラスのない図書室で、寒さにふるえながら合併授業が続き、使う教科書はめいめい筆写して調えたものだった。（中略）大掃除は毎日のようにやったが、でも学校は一向きれいにならなかった。しかしその大掃除から自治会が生れてきたのである」と。

また当時の教員坊城俊民は、二・一ストの時、九中は「組合脱退を賭してストに反対した」と書いている。「当時、私達の持っていた自信には、あたるべからざるものがあった筈である。何故なら私たちは生徒の『声』を知っていたし、いざとなれば、一千余名の在校生がわれわれを支持するという確信を抱いていた」と。（都立北園高校「校史草案」）

二十二年四月から、九中は選択講座を始めた。落合校長はみずから「映画芸術史」という講座を開いた。四四歳の若い校長であった。

◇

五月十三日（火） 午前中研究室で「人文」を読む。昼井上さんを待ったが会えず、常田にみつまめをおごってもらってから松村一人の「ヘーゲル論理学」に出る。若葉会での「若い人」読書会、渾然たる雰囲気で楽しかった。女の人との会というものは、文句なしに楽しい。特に山下さんの司会はりっぱなものだった。

五月十四日（水） 木村さんの「マイステル」に出ようと思ったら休講、二時頃まで九中の仲間、伊藤、兄部、高塩と語る。高塩は中央郵便局の手紙飜訳、占領軍の仕事でだいぶ消耗しているらしい。今の私にはとてもそんなことはできない。

帰りの電車の中で「人間的な」を読んだら、むらむらと懐疑がおこってきた。倫理、宗教等は社会的機能以上のものではあり得ない。心の中にある道徳律なんか、あり得るだろうか。

理論の問題は限界を知ること、私の問題は生理を知ること、社会の問題は社会科学。私は、意志の人間ではなくなったか。少くとも私の理性は、もう意志の人間の理性ではないような気がする。しからば私はながめているべき人間となったのか。それにはまだ過去の残滓があり過ぎる。ともかく何が何だかわからない。かくて生きている。かくて日が過ぎる。今日二〇円の宝くじを買った。やはり私はこういう人間なのだろう。

五月十五日（木）　十時頃大学、午前中は「源氏」を読む。左馬頭の女性論なかなか面白い。昼上、牧研究室に行く前ちょっと栗田と語る。共産党員二人。こうしていろいろな共産党員ができてくれば面白くなろう。だが、どうも、あわてん坊が多いと思わざるを得ない。一時から中島健蔵。小林秀雄さんざんで面白い。時間のたつのがもったいない位。所が三時から――神父様の「カトリシズムと近代思想」には参った。

あれでは話にならない。とにかく相当くたびれた。今日はがんばったという気がする。

◇

中島健蔵は、東大仏文で小林秀雄と同級だった。今日出海、三好達治も同級だった。中島は明治三十六年生まれだから、一四歳でロシア革命を、二〇歳で関東大震災を迎えたということは、青春期を第一次大戦の戦後に送ったということで、私たちとは対照的な、一つの典型的な世代だったのではないだろうか。

明治三十六年生まれをしらべてみると、小林多喜二、島木健作、林房雄。「蟹工船」の小林は殺され、島木はなやんで「生活の探求」を書き、林は転向したが、三人は、みな先駆の活動家であった。ほかに詩人の草野心平、サトウ・ハチロー、小説家の阿部知二、立野信之、評論家の中野好夫、竹山道雄、池田潔、窪川鶴次郎、そして演劇の八田元夫、版画の棟方志功など、実に多彩である。多彩だという所に、一つの特色がある。評論家あるいは評論家的な人が多いということも、特色だろうか。中島健蔵は、結局彼等の時代を語ったのである。私たちの時代とは全く違った時代を、青春期に新しい思想のしぶきをあびた羨望の時代を語ったのである。

その十五日、社会党左派の鈴木茂三郎と加藤勘十とが、共産党との絶縁を声明した。

社会党は、総選挙で躍進して、第一党にはなったものの、議席数は衆議院定数四六六のうちの一四三で、三分の一にも及ばず、かえって対策に苦しんでいた。長老、六〇歳の荒畑寒村は、単独内閣か、あるいは野党で行くべしと主張し、佐々木更三らは自由党を除外した三党連立論をとなえ、書記長西尾末広は、四党連立内閣を作ろうと奔走していたが、自由党は、そのためには社会党の左派をきるべしと要求し、かくて政局は混迷を続け、その中に、鈴木らの声明が一石を投じたのである。

私には、そういう政界の動きは不愉快であった。荒畑も西尾も鈴木も、私にとっては新しい名前であった。が、そういう世代、戦前の社会主義運動を知らない人びとがふえていたことを、つまり全く新しい時代になっていたことを、社会党は確認する必要があったのである。

◇

五月十六日（金）　高城、遠西と「現代美術展」を見に行く。ぼう大な量でつかれた。あれだけならべられると、面くらう。どうも何も言えない。

一時半頃本郷で竹林コンパ。七人と佐藤・浅沼、磯野。石井の酒で、大いに愉快。京都に寄せ書をする。言おうと思えば、いくらでも言えるのだが、感情的になる。まだまだお互に若いのだろう。しかし、それぞれの道で一生懸命に生きて行く。それが美しいことなのだろう。

五月十七日（土）　大学五月祭。すばらしいにぎわい。一〇時から尾高、出、矢内原三氏の講演。結局公開講演というものはきくべきでないらしい。

どうもきれいな人が多くて、一人身のあじけなさ。井上らにすすめられてダンスを見る。なるほどこれは楽しそうだ。女性と近づくだけでもぞっとするようなうぶな私には、この上ない楽しみかも知れない、などと思う。まあ、まだ青春は長い。安んじて努力の生活をなすべきなり。

夕飯を食っていると、滝田がきた。新制中学の惨たる状態など語る。私は何だかつかれている。豊かな一日には違いなかったが、どうも筋ぐらいしか書けない。昨日は叔父さんと将棋をやって、ちょっとねるのがおそくなったのがたたったのか。

◇

新制中学が発足したのは、その四月であった。校舎が足りない。教具も教材もない。暗い寺の本堂や工場のあとで、床に紙をしいたりして、授業がおこなわれていた。宮崎県には馬小屋教室さえあったという。

大学では、親しげなカップルを見かけることも珍しくなくなった。私たちの国文科にも始めて二、三人の女子学生がはいってきた。女性を思うこと、しげくなった。

◇

五月二十日（火）　午前中、図書館で「腕くらべ」を読む。荷風の世界が始めて私の興味をひいた。花街の情緒はなつかしいものである。

帰宅してからはもっぱら回顧を書く。

内閣はなかなかできない。社会党の左派問題で自由党は入閣を好まぬらしい。ともかく政治とは面倒なものだ。

◇

その二十日、第一国会が開かれた。二十三日、首班選挙。衆議院は四二六票中四二〇票で片山哲を選び、参議院も二〇七票中二〇五票で片山を選んだ。片山は五九歳。東大卒業後、弁護士になり、安部磯雄の影響を受けて社会運動にはいった。昭和十五年、斎藤隆夫の議員除名に反対して社会大衆党を追われた。

◇

五月二十四日（土）　学校に行かない。少し風邪気味で体がつかれている。午前中はほとんど寝た。「永遠の人」と共に聖書を読み始めた。この機会にルナンも読んでしまおう、などと思う。やっぱり二〇万円当籤の空想を時々する。そして空想の中で権力者を経験する。

五月二十五日（日）　片山首班決定に当ってマックアーサー、東洋人もキリスト教の高貴な精神を解し得ると言ったとか。ばかばかしいにもほどがある。

昨夜は床の中でいろいろな事を思ったが、私はもはや私自身にしかつかえ得ないのではなかろうか。私をして純粋な殉教者たらしめ得るものは、恐らく再びは見つからぬだろう。失われたもの、天皇制下大日本帝国がなつかしい。かえらざる我が姿がなつかしい。

午前中は回顧を書いたり、掃除をしたり。午後はねむった。雨が降ってすずしい日。君子さんは午後から帝劇に行った。楽しい頃だろう。

五月二十七日（火）　この頃は妄想しきりにおこる。ただの一歩だ。さそう水あらばいなんとぞ思う。レヴューはエロティシズムのどん底まで行ったようだ。映画も鋭意突進しているらしい。裸体が画面にあらわれるのは、はじめての事だと。

五月二十九日（木）　峰岸に切符をもらい、二時の汽車。上野駅で物うりアルバイトの常田。昼食にパンをくれ、売品のほしいかもくれる。感激、またうたた感慨。寮で安東と語ること三時間。社会改革を信じなければ生きて行けぬと。結局そんなところか。

◇

安東仁兵衛はラグビー部の二年生。私はラグビー部の先輩としての訪問だったが、安東との間でラグビーの話は出なかった。

六月二日まで、友部の水高の寮と菊地が下宿していた円通寺とで過ごした。その間に片山内閣が成立した。社会党の森戸辰男が文相、水谷長三郎が商工相、民主党の芦田均が外相になった。また斎藤隆夫が国務相になり、国務相兼官房長官になった西尾は行政に有能な人材を求め、内政担当の次長としては、運輸次官の佐藤栄作に目をつけたが、佐藤は巣鴨に捕われの身だった兄の岸信介と相談の上ことわった。

認証式に集まった新閣僚は、服装も不ぞろいで、背広に軍靴という人、借り着のモーニングにハンチングという人、水谷商相はふだん着の国民服だったが、第一ボタンをはずしてネクタイをのぞかせていたという。

◇

六月四日（水）　石井と上野に浮世絵を見に行く。彼の熱心な説明で、だいぶ有意義だった。

食糧事情はどうもかんばしくないらしい。全くいやになる。実際考えれば考えるほど面白くない時代だ。それがたとえ一つの夢にすぎなかったとは言え、かつての私は世界に雄飛せる国の民であった。それが何ということ。

いわゆる社会主義者の饒舌。私は憎悪を感ずる。よしてくれ。だまってくれ。私の眼の前から消え失せてくれ。一片の理想が何になるというんだ。そんなものに目がくらんで、現実の美しさをも敢えて失おうとする君等の狂気がたまらない。一体、何処にプロレタリアートがいるんだ。私たちが救わねばならないのは、私たち自身ではないのか。歴史なんて、君等の甘いヒューマニズムが考えるようなものではない。

六月六日（金）　十時から仏文の辰野さん。ねむくてたまらなかった。三時、滝田、大石とあい白十字で過ごす。米ソ戦の事など。迫ってくる暗さ。平和は少数者の中にしかないと滝田は言うが、戦場の少数者は奴隷に等しい。ともかく過ぎ行く日を見守るだけだが、何とたまらない気分だろう。人間がこれほどまでに虐待された時代があったか。アメリカの帝国主義。また食糧の心配。ソ連に革命がおこらぬかなどとも思う。日本を救う道なんか到底考えもつかない。人頼みだ。しかし秩序のやぶれた社会は、私の世界ではない。当分死のことなんか考えたくはないのだが。まこと一瞬の享楽。私は人間でしかあり得ぬのだから。

六月八日（日）　朝食後すぐ医者を呼びに行く。

母にむくみがきたという。もう長くはない。これだけは覚悟しなければいけない。だが今どうするというわけにもいかぬ。

ちょっと何かを考え始めると、猛烈にあせってくる。私は今職業への準備は何もやっていない。そうかと言って、今の私のやりたい事はほとんど際限なしだ。本来人間は、もっと職業への準備をせねばならぬと感じはする。要するにもっとしつけられねばならないと思う。教師。著述業。教師の職もいいかげんにはやりたくない。

◇

その日奈良県の橿原公会堂で日本教職員組合の結成大会が開かれた。二つに分れていた教職員組合の統一が成った。委員長は荒木正三郎。日教組結成大会は、森戸文相に激励電報をおくった。

◇

六月十一日（水）　午前中、源氏。昼、石井、兄部と話す。水高復興、移転、昇格の事など。今の所は、私として何とも動きようがないし、動きたくもない。

時代の性格。民族単位からブロックへ。非時代的なあがきは所詮微々たるものに過ぎない。今何とかし得るもの、何とかしたいと思うものは自分自身であり、自分自身のささやかな仕事だけだ。アメリカへの反抗は愚劣である。忍従と、自らへの眼を日本は学ばねばならぬ。もちろん空な国際主義など説きたくはない。被圧迫者のなやみと怒りとは、どうしようもない現実なのだから。しかしただ少しでも現実的に良くなる方向をとるべきだ。米ソ戦争の可能性はいさ知らず、柳の如くゆれながら緑の色を美しからしめたい、と思うのが現在の私の気持。

午後、島津さんの源氏、読む。源氏も大したものだが、島津さんも大したものだ。続けて読んで行きたい意欲にかられる。とまれあと一年半はあまりに短い。

六月十五日（日）　昨日は畠で菜をとって、リュックに入れて大学へ。珍しく伏島にあい喫茶で語る。マルキストに近いと。話してみるとだいぶかどがとれたような感じ。まだあまり自信がないらしかった。でも気軽に語れたのはよかった。

昼、砂押、アメリカの言論圧迫のひどさを。資本論、野呂栄太郎全集まで。それから吉田の所へ野菜を持って行く。

岩波の『野呂栄太郎全集』は第一巻が四月に出たが、その第二巻が占領軍の検閲にひっかかった。占領軍は言論、出版の自由をとなえながら、実はきわめてきびしいとりしまりを実施していた。『中央公論』四月号は、民主主義科学者協会主催の座談会記事「農業革命」の二五ページ全部を削除された。読者にわからないように削除させられたのである。そのやり方は、かつての日本政府のやり方より、徹底的で巧妙だった。

◇

◇

六月十六日（月）　昨日曜、午前中は回顧、午後は叔父さんと将棋、二勝一敗。降りくらした一日だったが、のんびり休むことができてよかった。

母がだいぶ人恋しそう。昨晩から交代でおきていることにする。まず二時までつきそう。ほとんどねむれないよう。たんがつまる。葛西善蔵を読んでいたが、ついうとうとしていたら、便であつ子さんとびおきる。とてもねむかった。寒い夜だった。外とうを着て毛布にくるまっていた。

今日も雨。午前中はねる。いくらでもねむれるようだった。昼飯後畠に行って野菜をとってくる。パッとしない気分。帰って、菜っぱでも洗おうと思っていると伊藤がきた。気持がうっとうしくて、やはり陽気な話しはできない。でも、いてくれるのは楽しい。

藤村の「破戒」を読んでいる。描写の確実さは大したもの。

六月十七日（火）　「破戒」読了。心うたれた。やはり堂々たるものを読むべきだ。午前中、レントゲンをとり、身体検査を受ける。吉岡さんと話す。「先生じゃあ食えない。古本屋をやろう」と。指導会から一一〇円。三時まで伊藤と。

母の容態いよいよ悪化。食をとれないのが困る。相当もうろうとしているよう。若葉会へ出れないむね言ってくる。何としたらよいのか。うっかりすると、泣けてきそう。それも恐ろしい。しかしもう長くはない。考えるまい、といらだつが。

六月十八日（水）　朝から珍らしい上天気。学校は休んで畠へ。

晃に電報。純情の子、お前を見たら、私は泣きそうだ。午後はねたり、徳田秋声を読んだりする。東京新聞の座談会。辰野、豊島、宇野等。日本は短編では世界一流、画もしかり、俳句、和歌も大いに有望と、全然たのもしい言。痛快だった。私が長編を書いている。これはノートもとって、私として最上のものをそそぎこみたい。私は野望にもえている。

六月二十日（金）　十九日、皆にあっても、何となく話がのらない。中島さんに出て、すぐ帰る。夕飯後ねて十一時おき、母の足をもんだり話したりする。「わかれ」考えたくない。二時頃ねる。

二十日、午前中ねる。一一時頃おきて洗濯。「黴」を読んでいるが、わからない。昨夜「パリウド」を少し読んだが、やはりわからない。今日はあつい日。回顧、丁度部制、クラス制の頃。興にのってだいぶ書いた。あの頃の事がなつかしい。

晃が来た。なかなか元気。久しぶりでふろ。そろそろ蚊が出てきた。勉強しにくい頃にもなる。

主食の配給はいよいよ心細いが、今は長野の絶大な後援あり、まずさほど憂慮する必要もあるまい。

◇

十九日の夜、母は鉛筆で書いた詩をくれた。

わかれ

いとしき吾子よ

戦後史記 I

愛しき四人の子らよ
おんみらは神より授けられし
こよなき宝と
わが細き腕に
抱き守りてはぐくみし
二十年《はたとせ》の歳月
母なるよろこび
母なる誇
ああわが身の幸深かりき
いかなる苦難の日も
おんみらの上を思へば勇みたちぬ
ああされどわが身のおとろへ
目に見えて再びたつ事
かなふまじ
永訣《わかれ》にあたりおんみらに

のこすかたみも持たざれど
われ常におんみらの上に
注ぎしこのまなざし
そはいつくしみと信頼の誠
これ唯一のわがかたみ
おんみらの心《うち》に宿りて
生命あらん
さらば吾子よ
さきくあれ

◇

六月二十一日（土）　常田とあい、石井とあい、伊藤の家へ。池上線で田岡にあう。すでに佐藤来ていて、みごと六人相会す。ビールあり、大款待。全く憂いを忘れた愉快の一時。元来は伊藤、田岡会談。商工会議所の話、将来のこと、アメリカ帝国主義は、一体どこまで、など。寮歌を歌う。「雲白く」。

夜ははぜきびなどいりながら、ほとんど家中で語る。家で話して感ずること、実際戦時中「家」を重視していたことだけは、あまりにもおろかしい。

◇

翌朝おこされて、医者を呼びに行った。弟たちは自転車で酸素吸入器をとりに行った。が、間に合わなかった。

母、塩子は明治三十三年（一九〇〇）八月十二日、長野県生。大正七年上田高等女学校卒。東京女子高等師範学校文科入学。大正十二年卒。四月から新潟県長岡女子師範学校教諭兼舎監。大正十三年三月、結婚。四月、宮城県第二高等女学校教諭。大正十四年三月二十三日、長男圭司出生。四月、第二高女退職。宮城県第一高等女学校教諭。昭和二年二月二十七日、次男襄、四年八月五日、三男晃、六年六月四男潔出生。昭和七年十月、第一高女退職、一家東京に移転。

◇

七月五日（土）　昨日夜十時半頃、家に芦田来る。二時半ごろまで駄弁る。今日は朝飯後、芦田を寝かせて、昨夜読んでみろと言われた「理論」中の論文「主観主義の哲学」を読む。こんなものでも一度徹底的に批判してみることが必要だ。私には論戦が不足している。そう思った。二人、池袋に出て飲み物を飲み、昼弁当を食いつつ語って、彼は代々木の本部へ、私は大学へ、別れたのは一二時頃。

今日は水戸高東京支部の同窓会。石井の司会は大したもの。愉快な楽しい会であった。

政府、経済実体の白書発表。こまごまと丁寧なもので、読み通す元気なし。ともかく容易ならぬ危機なのだろうが、今の私としては一家の生計をいかに保ってゆくか、だけで精いっぱいだ。

七月十三日（日）　昨晩九時半ごろから一一時過ぎまで中村さんのところで若葉会の近況を聞く。現代日本文学の講座でも開こうか、などと思った。

今日は午前中薪を割って、畑。体が疲れていてぐったり。午後はよく寝た。

お盆で、迎い火をたいたり。かつてはほとんど無関心で過ごしたお盆が今年は身に染みる。父は二五〇〇円の提灯を買ってきた。人生の悲しさ。母の生涯もさびしかっただろう。しかしそれゆえに私たちに注がれたまなざしは強かった。

七月十四日（月）　浅見淵の「有島武郎論」を読む。大正文学史の知識が増えてゆくのがうれしい。四時半頃まで頑張った。大学で心をひくのは乙女の姿。女学生の夏姿はよい。人生まだまだ生きる甲斐あり。

七月十六日（水）　田山花袋の「生」を読んでいる。前に読んだ時と違って面白い。特に母の死のことなど、さまざまに思い比べられて。

はやり立つ青春の心がだいぶ落ち着いたゆえか、このころは日本の現代文学が無性に読みたい。あのままアルバイト中心にやっていたら、どんなにたまらない気分だったろう。つくづく思うのは日本の貧しさ、そして世知辛い時代というもの。ただ私はまだ花袋のように沈み切りはしない。花袋より我が強いし、恐らくもっと世慣れてもいる。何とか巧みな生き方をしようと思う。現代の試みをしてみよう。

七月二十二日（火）　朝、あつ子さんとT、Kの三人を長野に送り、五時半に起きたが、睡眠不足で、今日の行動はどうしようかと思い惑った。昨夜は「恋の殿堂」を読了して就寝が遅かった。が、とにかく図書館に行って有島の小編を二三読んで、昼過ぎに外に出たら、陸士五八期という人に話しかけられた。なるほど私の服装は、学帽と下駄をのぞけばみな陸軍用品。仲間と間違われるのもむべなるかな。

七月二十三日（水）　今日もえらく暑かった。図書館に三時頃までこもって「近代日本文学研究」を読み、年表をうつす。

帰りに若葉会の某さんにあう。六三制のことやら、若葉会のことやら。学校を受けるので若葉会はやめたとか。

◇

日本の学校制度が大きく変わろうとしていた。六三三四制に向かって、激動が始まっていた。小学校の六年と中学校の三年が義務教育ときまり、その年四月には新制中学校が生まれた。校舎も教員もそろわない中での出発だった。これまでの公立中学校は高等学校になるはずだった。ではこれまでの高等学校はどうなるのか。大学はどうなるのか。

◇

七月二十五日（金）　石炭廳に行ってアルバイトを断り、大学にまわって、メトロでアイスマックを食い、図書館に行ったら文学関係、貸出中止。やむなくサルトルを借りて「水入らず」を読んだが、妄想を起こしただけ。どうも肉体生理の要求もそう無視はできぬとすれば、いよいよ難しいのは結婚問題である。全くばかばかしいほど面倒な人生である。

出てきたら石井にあった。芝生から白十字に移って数時間、政治のこと、哲学のこと。尾瀬行きの計画を聞く。本でも売り払って、ぜひ行きたいものだ。

八月三日（日）　叔父さんとAと三人で畑に行く。連日の照りだが、今日の水分補給で少しは効き目があってほしい。父はこのころ、何が悪い、かにが悪いと文句ばかり。愉快なことではないが、昨日だったか、父の本の広告が出た。あれが売れれば、経済的に多少のゆとりができるだろう。来年の三月まで時が稼げれば、よいんだし。

そろそろ尾瀬行きの連絡があってもよいと思うんだが。

◇

尾瀬行きに出発したのは八月六日だった。私は旅に持参する米を農家出身の江原に依存していたので、まず倉賀野の彼の家に一泊した。七日、沼田駅に予定の七人が集まった。竹林洞の仲間である。バスで四時間ほど揺られて着いた鎌田は雨、前進をあきらめて片品中学校に泊まり、八日、戸倉をこえて三平峠の険難の道をひたすら歩き、頂上間近で私は参ってしまった。元気だったのは江原と滝田、峠頂上に着くや、駆け下りてきて私の荷物を運んでくれた。昼飯は一時半、尾瀬沼へ出て、また強行軍で七時半ごろ沼尻小屋につく。小屋は満員で、小屋の小父さんの私室に泊まる。夕飯がうまかったと私の日記は特記している。九日は四時起き。その日の行動に関して喧々囂々の激論。しかし尾瀬の幽境をそぞろ歩けば、激論も解消、朝食は機嫌よく食べて出発、途中で出会ったトラックと伊藤が交渉して沼田まで、トラックに載ったり、トラックを押したりの風変わりな道行きとなって、八月十日未明三時三分沼田発で水戸高竹林洞の尾瀬の旅は終わった。

◇

八月十五日（金）　まる二年が過ぎた記念の日。しかし腹具合がおかしいためか、うだるような暑さのためか、さしたる感慨もなく、午前中はほとんど寝て、午後は今まで縫い物や煙草巻き。

ビールの配給あり。夕飯に兄弟四人で一本飲む。うまい。早く自由に飲める時代にならぬものか。毎日のようにこんな嘆息を繰り返しているのだから、人間も変になる。しかし終戦後二年、いまだに異郷で強制労働に従っている細島たちのことを思えば、もう何とも言えない。ニーチェの言うように眼界を広くすれば、厭世家にならざるを得ないのだ。

八月二十八日（木）　朝食時の豪雨、ほぼ一日中続いて今も雨。そろそろ雨にも飽きたが、そのおかげか、今日は停電なし。これで涼しくなるだろうか。

若葉会の高田さん、少年部の人を連れてきて、九月四日に「猫」をやるから出て話してほしいという、面倒だなと思ったが、盆踊りに出ていたかわいい人を思い出し、大した準備もいらないだろうと引き受けた。明日は明治文学講座の第一回だ。どんなことになるか、わけがわからない。しかし話すこと、発表することは大事だ。

八月二十九日（金）　冷え冷えした朝。濡れた草木、美しい朝顔の花。秋になる。午後は三時ごろまで寝た。七時半から出て、惣中さん宅で明治文学講座を開く。文学とは、などの話。村田さん、山下さん、みな喜んでいたようで、私としてもやりがいがあった。

九月三日（水）　午前中、回顧を少し書いた。来年はどこかに勤めたいから、最後の学生時代となるかもしれない。この秋こそは機会である。回顧は難事業だが、しかし楽しい。午後は畑に行って秋の空を見た。アメリカの飛行機が流れるように飛んで行った。ああ、乗ってみたい。地上を離れてみたい。三年前の館林の秋の空を思い出した。

九月五日（金）　昨夜は中村さん宅で若葉会少年部の読書会。ほとんどが本を読んで来ない。私が話し始めても、こそこそ話をやめない。馬鹿野郎と怒鳴りたくなった。全くあんな子供たちのためにと出かけて行って、ご丁寧に話をしてくるんだから、人が良いものさ。

九月六日（土）　すがすがしい朝。芋と麦入りの飯一わんとグリーンピース一皿の朝食を終えて机の前に座ったのが六時半。回顧を書こうと思ったが、ちょっとためらう心あり、日記を取り出した次第。

昨夜は一晩中電気がつかなかった。夕飯後、西空の雲を眺めながら寮歌など歌い、それから君子さんを交えて兄弟四人で話す。

話題はほとんど一つだった。父親に対する不満であり批判であった。

九月十五日（月）　昨日は昼から午後にかけて叔父さんの子供たちに騒がれて、疲れ切った。晃は子供をあやすのに妙を得ている。人柄なんだろう。私にはとてもできない。今日にかけて「黒潮」を読了。しかしすぐ疲れるのでかなわない。考えてみれば、いろいろな意味で無理をした時代が中学の五年以来六年を超えるのだから、かなりガタピシするのも当然かもしれない。あくまで無理のない生活をしてゆこう。

九月十六日（火）　昨夜は台風で停電。叔父さんは九時頃帰ってきた。巣鴨で省線が止まって、一時間ほど待っていたら、市電が動くと聞いたので、神保町まで歩いたら、今度は市電が止まって、結局荒れまさる風雨の中を歩いて来たのだと。

今朝はからりと晴れわたった秋晴れ。九時ごろ家を出た。大学で二人の水高先輩に会い、昼ごろまで話す。松丸さん、戦争が始まったら、アメリカに亡命政府を作る、という。面白い。

九月十七日（水）　八時半頃家を出て、奨学資金の手続きを済ませ、図書館で戦時中の新聞を借りようと思ったが、十八年、十九年は未整理で、十七年だけ、明日借りられることになった、それからサント・ブーブの「我が毒」を読んだが、眠気のせいもあって、あまり頭に残らなかった。

芝生で兄部に会う。自分の生きる世界を求めて努力しているが、失敗の連続だったという。行く末あまり長くないような気がするとさびしいことも言っていた。私もこのごろ、あまり長生きはできないんじゃないか、というような気分にとらわれることがある。私の問題は家だ。貧しくても明るい生活をしたい。どうしても家を離れよう。学生生活だけは何とか穏便に過ごし、実力を養って、独立の時を捉えることだ。

◇

兄部は中学以来の親しい友だった。東京府立第九中学校の一〇期生でただ一人、優等賞をもらった。卒業した時、三高を受験して失敗、浪人して水戸高にはいってきた。水戸では寮のことで苦労を掛けた。大学でも、貴重な話し相手だった。

そのころ、中学時代に親しく交わった友がもう一人、私の前に現れた。中学から軍の学校に進んで、戦争から無事に帰った村田だった。九月二十五日の日記に、国立の彼の家を訪ねて四時間話し合ったとの記事がある。彼は、戦争が必然的だったと力説した。大学を出たら貿易の仕事をしたいと言った。またある女子専門学校に縁故があるから世話をすると言ってくれた。

兄部と話しても、村田と会っても、府立九中のその後についての話は多分出なかった。私たちが昭和十七年に卒業した府立九中は、東京都政実施によって、都立九中と名が変わり、その十月、校長常田宗七が転任した。

二十年五月二十五日の米機空襲では、校舎に焼夷弾三〇〇発以上の直撃を受け、何とか守り抜いたという。八月十五日の敗戦、すぐ生徒の作業動員は解除され、九月一日から授業が再開されたという。

二十一年四月、第三代校長は落合矯一先生。

落合校長は、仙台の二高から東大の英文に進み、九中教諭の傍ら映画に親しみ、映画を論じてきた文化人だった。新時代の改革者だった。

都立九中は落合校長を先頭に新制高校への道を模索、朝礼など伝統の行事が廃止され、二十二年度からは、必修の授業科目のほかに、多くの選択科目が作られ、外国語は英語の他にフランス語、ドイツ語、中国語の講座が生まれた。

当時わが家の四男潔は九中の四年生で、その変革を体験していたわけだが、彼は寡黙だったし、私は今の自分のことで多忙だった。

◇

十月四日（土）　上野駅の公園口に行ったら、二時半というのに蜿蜒たる長蛇の列。四時一〇分発の汽車はものすごい混みよう。ことに松戸から馬橋までは窓に手をかけて外にぶら下がっている人が鈴なりで、屋根もほぼいっぱいという盛況、私は座席の間に入り込んで窓から首を出せたからよかったが、滝田は押し合いの熱気の中でゆだっていた。我孫子を過ぎるとすいてきて座席も空き、滝田と語った。

◇

水戸高校暁鐘寮の第二八回記念祭だった。校舎は空襲で焼かれ、寮は戦後の失火で大半が消え、今水戸高は友部の旧海軍航空隊に移っていた。そこで、伝統の記念祭が開かれ、私も招かれたのである。

泊まったのはラグビー部室。部の練習にも参加した。仮装行列、寸劇など。演劇「待帆荘」には女子専門学校の生徒が出た。六日のコンパには教授、先輩が一〇人ほど登壇、それぞれの思いを語ったが、現役の有志登壇は間もなく「なにを」「馬鹿野郎」と、社研、青共の烈しい衝突になった。しかし最後の寮歌は、整然たる全員の合唱だった。

青共はその夏休みに、勢力を大拡張したというある寮生の話だった。六三三制に対する賛否の論議はコンパにも出なかったと思う。日記にも出てこない。

◇

十月十九日（日）　昨夜は若葉会総会。初めて出てきて熱心に制度を論ずる人。終始漫画を描いている人、おしゃべりをしている人。

委員に当選。絶対にできない。「どうかやって下さい」と言われたら、以前の私だったらきっと引き受けたが。今日の帰りに中村さんに寄った。私は委員を辞して、読書会だけにかかわることになった。これでひとまず若葉会との関係は落ち着いた。

十月二十三日（木）　昨日は一日、はっきりしない天気、霧雨が降ったり、やんだり、そして五時半ごろ停電。七時には寝た。九時か一〇時か、電気がついて潔は起きたらしいが、私はとても起きられなかった。

今朝は回顧を書き、九時過ぎに出て大学図書館でルナチャールスキー読了、非常に面白かった。私の体験をまとめたような感じだった。

◇

二十二日の夜、電気がついて起きたらしい潔は、都立九中の四年生。従来だったら来年の四月から五年生になり、再来年の三月に卒業して、高校などを受験する、ということだったが、学制の改革で、公立の中学校は、来年の四月からは新制の高等学校になる。中学五年になるはずだった生徒は、その高校で二年生になり、二年学んで卒業する。それで大学などに行けるのだろうか。前途を思えば、疑問も悩みもあっただろうが、潔はほとんど何も話さなかった。ただ勉強は熱心にやっていた。

◇

十月二十四日（金）　昨日は例によって停電。ぶらりと出て、山下さんを訪ね、読書会の相談。帰ってふとんにもぐりこんだら叔父さんから将棋一局求められ、ろうそくの消えるまでやって、今朝引き継ぎ、ついに勝つ。叔父さんは八時近くあたふたと仕事に出て行った。今日は素晴らしい朝だった。霧浅く、やや潤いを帯びて爽涼。

大学正門前で藤野に会い、約束の靴下三足もらう。芝生で淵野に会う。どん底生活だという。金がほしいという。だがよそ目ののんきな批評では、彼はまだ元気、むしろ軽薄さがなくなったようだ。水戸後輩の伊藤来て、一八歳で自殺した中学生徒の事。月の光で芋の夕飯を食って二階に上がり、布団を敷きかけたら、珍しく電気がついた。

十月二十六日（日）　昨日、授業料免除願を出し、九月卒業ができるか、どうかを聞いた。ちょっとむづかしいよう。松枝さんが休講だったので、研究室で現代日本文学研究を読む。弁当を食べて、潔の父兄会のため九中へ行く。六三制に絡まる来年度の受験などについての話。新制度に入れられる人たちはかわいそうだ。六三制こそ、戦争に劣らぬ残虐行為だ。

風邪をひいて喉が痛むので、夕食後すぐ寝た。

今日は上天気。風も吹かぬ静かな朝だ。

◇

十一月十五日付で父・山極真衛の著書『新教育の教授原理』が、明治図書出版社から出た。定価五〇円。

最後の一編「愛と信頼」は、「亡き妻の霊に捧げた」もの。私の子供に対する態度は、「確かに妻のそれに比して遥かに権威的であった」と反省の文章であった。

◇

十一月二十五日（火） 講堂前の芝生に集まって弁当を食っていたら、浜野が中央郵便局のガードの口を持ってきた。話は魅力的だったが、さっそく今日から、というので、いささかあわてて、浜野と二人で交渉に行き十二月からと決定。多少時間にしばられるが、客観的に見てずいぶんぜいたくなアルバイトというべきだ。金もかなり潤沢にはいるし、そうだ、美人がいた。近ごろ珍しい胸さわぎがした。夜、田山花袋の「近代の小説」読了。

十一月二十七日（木） 昨日昼ごろ大学で浜野にあい、履歴書を託す。三時頃、斎藤隆夫邸へ。今をときめく著名政治家の応接間ですばらしい椅子に腰をおろせば、昂然たる気分。水戸高二三回卒文甲の第一回クラス会。藤野が「山極は市井の片隅にうずもれるだろうから」と言って、私を最上席へ。そしてやれ社会科学だ、やれ恋愛だ、と激論になったが、快適に酔って大いに愉快だった。しかし一〇年後、二〇年後、私はどこで何をしているのだろう。

◇

斎藤隆夫は、昭和十三年二月、衆院で国家総動員法を憲法違反と批判、昭和一五年二月、軍部の戦争政策を批判、反軍演説として議員を追われた。

その子が、昭和十七年水戸高入学の私たちとクラスを共にしたのである。

なお「浜野」君は、私より一年後の水戸高ラグビー部員。入学した時、私の体を見て、あの体でラグビーができるのなら、と思って入部したとのこと。

◇

十二月二日（火）　昨日の朝、父は浜松の講演旅行へ。「新教育」とやらの恩恵で、近頃ひっぱりだこの盛況だ。

午後、映画を見ようと池袋に出たら、五時開場なので、あきらめて東口の露店を見学、一〇円のしるこを食ったが、ボリュームは大したものだった。夜は改造社の「社会文学集」の矢野竜渓「新社会」を読む。空想的社会主義と言うべきだろうが、結構おもしろい。

◇

さて、今日からいよいよおつとめである。進駐軍御用の番人である。

当時、東京の中央郵便局は、そのなかばがアメリカ占領軍の管理下、手紙の検閲などをするＣＣＤ（民間検閲局）という役所になっていて、そこの夜間警備の仕事が私たちの新しいアルバイトだった。

◇

十二月三日（水）　初日でだいぶ疲れた。昨夜は九時過ぎにねて、今朝三時起きの勤務。飯盒を電熱器にかけて、こげはしないかと心配しながら、廊下を走ってタイムレコーダーをおしてまわった。

八時に仕事が終わって、浜野と大学に行く。途中で五〇円の宝くじを買う。これで一〇〇万円もうける奴もたしかにいるのだから。

図書館でエラスムスの伝記を読む。実に面白かったが、寒くて寒くて。

帰宅して新聞を見たら、一月から煙草の自由販売が一人三〇本だと。いま新生などあまっているのに、どうしてこんなことをするのか不可解だ。あわてて煙草屋にかけつけたが、ピース、コロナはなく新生を二〇本買った。

十二月五日（金）　昨日二時半ごろ家を出たら早すぎて困った。上野でおりて輝山丸の消息を聞く。帰国日時はまだ不明だと。山にのぼって、久しぶりで西郷どんと会見、祖国の命運を語り合った。東京駅でもまだ時間があまっていたので、丸ビルを見学、パス入れをもとめた所、良いのを出しましょうか、とだいぶさがして持ってこられ、大枚二万円を献じてしまった。それからしるこをのんだら蚊の涙ほどで一〇円とられた。ぽんぽん金を使う。もっとゆっくり家を出れば、万事は変わっていただろうに。しかしくよくよする必要もないな。気ままに金を使える時は、そうはないんだし。

郵便局では、玄関で午前一時半までの勤務。いつまでも妙な女どもがうろついて落着けなかったが、退屈はまぎれた。木下尚江「火の柱」を少し読み、思い出を少し書く。

十二月七日（日）　昨日、土曜日は昼からの勤務、タイムレコーダーは三〇分おきでよいというので、ありあまるほどの時間に恵まれ、「火の柱」を読了し、大杉栄の自叙伝をだいぶ読み、思い出も書いた。

家だと寒いし、炊事の面倒もある。すてきな商売だ。この機会を生かすべきだ。浜野と水高時代を話す。

十二月八日（月）　良い天気だが、酔いが残った、はっきりしない気分だ。昨夜は本郷のプロヴァンスで竹林コンパ。どぶろくと焼酎とビールとで、七賢清談の活題は主として滝田をめぐって。彼は結局入党せずにはおさまらないのではなかろうか。

今日は開戦の日。六年前のこの日起床して歯をみがいている時に、ラジオの臨時ニュースで開戦を聞いたのだった。

十二月九日（火）　勤務をおえて上野に寄ったら輝山丸はすでに帰ったという。床屋に寄って散髪の後、細島をたずねた。シンガポールからの殿軍をつとめて、なつかしの友は帰ってきた。四年ぶりの再会だった。やはり不思議な思いで、四時半ごろまで語った。

十二月十一日(木)　郵便局から大学にまわり、文化指導会から約五〇〇〇円と育英会からの二四〇〇円を受けとり、図書館でエラスムスを読む。午後は村田と語る。彼は貿易をやりたいと言う。職業軍人として、もっとも軍人らしかった彼が、早くも新しい現実に適応している。

十二月二十日(土)　今まで二、三時間をピンポンで過ごした。その前は将棋、遊び呆けた。だいぶ疲れて、これから仕事とはいささかつらいが、三〇分おきだから日記でもつけながら、のんびりやろう。

昨日は大学にまわり、昼、石井に会う。ジャーナリズムに行くと。英語の勉強など着々たる歩みのよう。河和氏は高文合格のよし。池袋で映画「女優」を見て、久しぶりに泣いた。

今日はまず大学。兄部が売っていた「はるかなる山河に」を買う。郵便局ではつかれるほどの休養。ちょっと思い出を書いたが、筆は進まなかった。

昭和二十三年（一九四八）

一月一日（木）　大晦日は郵便局から朝帰り、夜は適当に酔った。男所帯の御馳走もなかなか大したものだった。しかしやはり物悲しい気分はどうしようもない。今日は昼から出勤、今までピンポンで過ごしてしまった。

一月四日（日）　午前一時半だ。「妖奇」を読んだが、この程度の刺激ではあまり動じなくなった。大分生活が乱れた。存分に乱れるのも一興だが、思い出も書きたいし、書きたいのに手がつかないのだからいやになる。やはり思い出のようなものを書くには、ある程度浮世離れした、禁欲的な生活が必要らしい。

一月十二日（月）　十日の土曜日は、午後少し回顧の仕事をしようと思って、郵便局に残ったが、煙草の火を借りようと浜野の所に行ってから五時過ぎまで駄弁ってしまった。家の事だの、昔のことなど。家に帰って久しぶりで叔父さんと将棋一局。負けた。

十一日は良い天気。昼の出勤で、回顧にだいぶ収穫があった。しかしこのころは遊ぶ癖がついて、長く執筆に没頭できない。回顧の題、「軍国の人」はどうだろう。

今日は朝三時頃飯を食ったので、大分腹が減ってきた。生活が不規則なので、心配は心配だ。

一月十四日（水）　十三日は小雨が降ったりやんだりで、寒いこと、寒いこと。家のこたつに潜り込んで抱月の「復活」や臨川のものなど読んだが、郵便局の暖かさが恋しくなった。出勤の途中、露店でピースの葉だという私製煙草を三〇円で買った。結構なものだ。これでゆこう。郵便局について、三階のふろはぬるかった。いったん出て穢袢の洗濯。これで大物は終わった。大仕事を果たした気がしていた所へ、高塩が会社の友人を連れてきた。彼は酔っていた。

彼と出て有楽町、駅近くの店でココアを飲んだが、懐中を探ったら三百数十円あり、彼を促して酒を求める。久しぶりの事だった。一杯一二〇円というやつを二杯で結構まわった。郵便局に帰ったのは一〇時ちょっと前。一時までの勤務の間、元気に仕事をこなしながら、浜野やKさんを相手に喋り散らした。ご機嫌だった。ところが家に帰ってきたら、主食がそろそろつきそうだと。で、もらってきた加配の乾パンの一部を提供した。

一月十七日（土）　昨日は帰り、大学に回ったら兄部に会って、「歴史を作る学生たち」をもらった。彼は出版部で働いている。

池袋で映画「誰が為に金はある」を見る。どうしたんだか、やたらに涙が出た。あまりにも安価な涙だが、私はこういう人間なんだ。

父に五〇〇円渡した。三〇〇〇円にもなるという税金のたしまえにもと。

一月二十五日（日）　昨日は昼から大学に廻り、山上御殿での水高同窓会、もっぱら給仕をやり、残物の整理で腹がいっぱいになった。大場さんから三十一日の送別コンパ招請を伝えられた。

【ノート】

二十四日の土曜日、東大の山上御殿で開かれた水戸高の会は、昨年七月、同じ会場で行われた戦後はじめての総会に続く催しで、学校創立期の古い有力な先輩たちが、同窓会再建の基本問題を決める委員会で、私たち若輩は議事には全く関係なく、ただ飲み食いの仕事に専念した。そしてその折大場教授から、二六回生の送別コンパに招待されたのである。若輩二三回生の私は光栄に思って、郵便局の仕事の工面をした。

三十日の朝九時二五分の汽車で水戸まで、「ずっと立ちんぼうでいささか疲れた」と日記にはある。

水戸高第二六回生の送別コンパは、三十一日友部で行われた。登壇者続出の盛況だったが、「岡田さん（二二回）の一時間にわたる現代日本経済の論をはじめとして長い、しかも多くは拙い話があって、終わったのが二月一日の三時半、最後のころは寒くもなって、姿を消す者も多く、私の感じではちょっとさびしい送別の宴だった」。しかし『水戸高等学校史』の記録は、微妙に違っていて、曰く「登壇者多数。関校長、大場、長谷川、原、西田、徳沢、高木、宮田、島田、伊豆山、小泉諸教授のあと、先輩五人が話し、そのあと有志登壇となり、「雲白く」が歌われたのは三時半ごろであった」とある。会の初めに関校長ほか一〇人の教授が登壇してそれぞれの思いを語ったとすれば、それこそ旧制高校の廃止を目前にした昭和二十三年一月の水戸高送別コンパにふさわしい歴史的事実だったというべきだろう。

二六回生は昭和二十年に入学した人々だった。戦争中に高校入試を受けて、中学卒業と同時に合格した人々は、六月まで中学での勤労作業を続けなければならなかった。八月には空襲で水戸高校舎の大半が焼けた。戦争が終わってアメリカ占領軍の統治が始まっても、安井校長指揮下の生徒強圧は続き、十月、先輩がのりだして安井校長追放のストが成功、関校長が着任した。が寮の失火。また軍関係の諸学校からの編入試験で、生徒数は急増。やがて高校三年制が復活し、二年のはずだった彼らの高校生活が三年になったかと思うと、今度は学制の改革で旧制高校は廃校になるという。大学に昇格するという。生徒にとっても、教授にとってもまさに転変の高校時代だった。その結末の時だった。

二月一日の日曜日はラグビー部の送別だった。私も送別試合に出て「愉快極まりない数刻」を過ごした。四時頃からホールで行われたコンパも素晴らしかった。「送別歌を歌いながら涙が出てきて仕方がなかった。よくやってくれた。ただこの一言だ」。

二六回生は構成も複雑、人数も水戸高校史上最多になった。水戸高創立以来の卒業生の人数を「同窓会員名簿」によって記すと、第一回生が一五〇名、私たちの二三回生は戦時の国策で理科生が二クラス増募になって計二五六名、二六回生はそれ以上の三〇一名だった。その三〇一名の中でラグビー部を選んだ一〇名足らずが、私にとっての親しい仲間だった。共に過ごす時間はほとんどなかったが、親しみの持てる人々であり、期待する若者たちだった。

水戸を去ったのは二日の三時半。郵便局についたのは七時半頃。仕事の合間を見て、私は長文の水戸高送別記を記したのだった。

【日記】

二月六日（金） 午後、プロヴァンスで石井、伊藤と語る。伊藤は山一證券に採用決定したよし。石井はラジオプレスに行くという。勉強になる所のようで、彼には好適だろう。石井は、私に水戸大学に行けという。熱心に勧められて、多少の気は動いたが、何もない新制大学、そして今の教授グループの中に入って何かができるとも思えない。ああ、異端の私を使う余地が、この日本のどこかにあるのだろうか。

二月七日（土）　浜野と有楽町をぶらついて帰ってきたところだ。有楽町に集う人々の群れ、大概それぞれの悪事を働いて生きているのだろうと思えば変な気がする。プロレタリヤいずこにありやの感。

出てゆく前、下のガードの部屋でアベの商売を傍観、羨ましい感じもあるが、全く別の異様な世界を見る気分。今玄関では花の賭けをやっている。金のもの言う世界、金だけのもの言う世界だ。全然懐かしくない世界だ。しかし現在、私の必要な物資の大部分が、別世界のものになってしまった。

二月十日（火）　洋服の繕いなどして一〇時半頃家を出た。大学では試験対策で東奔西走、音楽史に出たら、何でも書けば甲をくれると、ありがたいお話。言語学のプリントを読んで、いささか消耗していた際のグッドニュースだった。赤門で藤野と時間まで話す。結婚問題で頭を悩ましていると。しかし彼女と家庭を持ったら、明るい家庭ができるぞと、愛すべき男は言う。春近く、あちらこちらから花さく便り。

二月十五日（日）　郵便局の闇屋グループに大旋風。Kさんが挙げられてから、ついにエガワ、アベの両巨頭もあがって、CCDにとっては特筆すべき大事件になった。いろいろな人がやってきてうるさかったが、昨日来たSさんの彼女は美人だった。

十三日は大学に廻り、食堂でノートを読み、昼は芝生で授業料値上げ反対運動について梅原と議論。かなり真剣になってしまったよう。帰宅したら江原が来ていた。彼就職以来初めて語った。愉快だった。彼の主として仏文学の読書は、ずいぶん実り豊かだったよう。私の最近の心境にも、かなりはっきりした表現が与えられた。一人のユマニストが生き抜くこと。それは有島武郎や芥川龍之介が自殺した貧しい国の民衆への良い贈り物ではないだろうか。

ああ、早く試験が終わればよい。辰野さんの講義はなかなか面白かったが、昼はノート集めに奔走せねばならず、もろもろの人間社会に接触せねばならず、夜は郵便局の騒音に悩まされ、ゆっくり楽しむこともできないのだ。

昨日は本所映画館でコクトーの「美女と野獣」を見た。ユナイテッドニュースの方が面白かった。四百人乗りの米国輸送機、電光のようなロケット機。日本は日々時代遅れになってゆく。悲劇だ。

ローマ市の争議。先日石井とも語り合ったが、内乱だけは本当に恐ろしい。ロシヤでは西欧色追放の嵐が吹く。いったい、非民主的音楽とはどんな音楽か。そして民主的音楽とは。

※CCD（＝Civil Censorship Detachment 民間検閲支隊、GHQの命令により設置された、民間通信の検閲機関。個人の郵便物も対象であった。

二月一六日（月）　「倫理以前から倫理まで」の講義に出て、やっとノートを入手、宇野に託した。暖かな一日だった。春の気分で、心が躍るが、とにかく試験を終えなくてはどうにもならない。さて、一〇時のレコーダーを押して寝るとしようか。

父の再婚は難航を続けている。

二月十八日（水）　風の強い日。久しぶりで家の昼飯を食べた。市古さんのノートをうつし、ちょっと「軍国の人」をのぞいてみたら、全くダメ、世界情勢の説明が自分の言葉でない。いくら何でも、あんな張り紙細工では困る。

二月二十日（金）　やがて一二時だ。玄関勤務だが、はじめは駄弁り、その後はうたた寝で過ごしてしまった。あまりやる気もなかったので文句も言えないが、やはり勤務のつらさ、金をもらっているだけのことはある。

昨日は初めて市古さんのお顔を拝見、ノートは大貫に頼んで、いねむり。午後は映画「素晴らしき日曜日」。貧困ということ、社会悪。ああいう映画を見ると、私は途端に人道主義者になる。

今日は辰野さんの終講義に出た。半生の簡単な回顧だった。Kいわく、特攻隊なんかほめているのは少し古いですね、と。そこが新しいのだ。辰野さんは凡人だ。あれくらいの凡人にはなりたいものだ。今日試験の時間割が発表されていた。驚いたのは二十三日に明治演劇史があること。どうにもならない。

二月二十二日（日）　演劇五十年史でも買おうと思って、古本屋を軒並み見たが見つからず、時間は迫り、大分焦ったが、最後の新本屋で探し当てた。これと吉田精一の文学史で一通りやって、あとは野となれ山となれだ。郵便局に来てこれまで演劇史に費やした。

芦田首班決まる。

◇

社会党首班の片山内閣が総辞職したのは二月十日だった。政局の収拾をめぐって、長いごたごたが続いた末、衆議院は民主党の芦田均を新首相に指名。参院は吉田茂を指名したが、紛糾の末、芦田首相で結着。

◇

二月二十五日（水）　二十三日の演劇史の試験では、わけのわからないことをだいぶ書いた。だいぶ書くと気持ちがよい。あれだけ鉛筆を減らしたのだから、まさかと安んずるわけだ。

二十四日は三時半まで家にいて、ふとんの中で辰野さんを一通り読み、風の寒い中を配炭公団に行ってＫにノートを返し、新たに言語ノートを借りた。多忙を極め、この一週間はゆっくり眠ってもいられない。昨日は郵便局の風呂で須藤さんに話しかけられ、変電室に呼ばれて九時頃まで過ごしてしまった。大事な時間ではあったが、二人の子を持つ三一歳の素朴な男が方言を交えた和歌を作っている。その和歌の添削を頼まれたのだ。楽しかった。

ところが一時ころ、起きだした磯部さん、がたがたと動き回って、とんでもない睡眠妨害、腹が立った。昨日の電車にも荒っぽい男がいた。ニーチェは残忍な男は時代遅れだ、と言ったが、時代遅れの人間がいくらでもいる。

◇

私たちのガード仲間は六、七人いた。

「磯部さん」は、その一人だった。六、七人のうち、三人が水戸高出の東大生だった。浜野君は、経済学部、寺沢君は法学部で、公職志望。そして私。

◇

二月二十七日（金）　珍事勃発。家の夕食時、二階に泥棒が入って、物音が聞えた。寸時の格闘で取り逃がした。Tは階段を突き落されて、少し調子がおかしいらしい。

昨日は白昼、永田町の大火で総理庁が全焼、私は郵便局で我が家の火災を心配していた。正に不安の時代だ。大学では水高M先生の母堂が那珂川に投身されたとの話を聞いた。

チェコでは共産党が勝利を得た。

三月四日（木）　五時近い。久松さんの演習レポート「徒然草に関する評論について」を書き上げたところだ。ヒーターがえらく熱い。でもこの頃はまたちょっと寒いので、いささかいやになって来ていたガード勤務も満更ではないな、と思うようになっている。確かにここに勤めている方が勉強はするし、試験にも都合がよい。その為でもないが、試験は快調に進んでいる。二日は高城の下宿に行って碁を一局やったあと、二時間ほど寝かせてもらった。いい気持だった。昨日の連歌俳論史はWさんがかついできた評論史ででっちあげた。

三月七日（日）　九時頃家を出て、早々と郵便局に来てしまった。家では手が冷たいし、おちつかない。五日の辰野さんは「十九世紀の孤独感と現代の孤独感」という問題。先生公認の煙草を吸いながら、我が前半生を書きつづった。

昨日の試験は半ばあきらめていたのだが、出てみるもの、「中国文学と私」が第一問で、全くの救済問題だった。

◇

三月十日の郵便局は玄関の勤務だったようで、一二時に起きて「金田一さんのリポートを書いた」とある。また神田日活で寺沢と「オーケストラの少女」を見たとあり、「アメリカ映画の最高峰という感じ」などとも書いている。試験がようやく終わったのだろう。そしてその日、長野県から帰った叔父が父の再婚話を伝えた。

私たちにとっての新しい母親が来たのは二十一日。

私はまず郵便局に行って、今日は遅刻すると伝えた。新しい母は夕飯におはぎを作ってくれた。私はそのおはぎを十幾つ、腹いっぱい食べた、と日記は記す。みんなでウイスキーを飲み、大いに騒いだ。珍しく陽気な日だった、と。そして七時半頃家を出て、小雨の中を郵便局へ、途中みかんを買って行ってガード仲間にふるまい、すぐ寝て、一時に起きて玄関で五時まで坂口安吾の「青鬼のふんどし」を読んだ。実に面白い。率直に言って驚嘆した。だが何が書いてあったかは、まるで忘れた、とかなり長文の日記だった。

わが家に新しい母親を迎えた前後に、私は中学時代の友人村田から関東女学院の講師の職を世話された。給与は月に八〇〇円ぐらいということだったが、郵便局で三〇〇〇円、奨学資金で一二〇〇円の金持なんだから、勤労奉仕のつもりでと思ったのである。二十四日に仕事を終えてから、松平校長の布田の家に挨拶に行った。道に紅梅が美しかった。面白い生活が開けそうだ、と私の心は躍っていた。

◇

三月二十六日（金）　昨日一時頃家を出て、大学に行ったら法学部の入試発表だった。水戸高は惨たるものらしい。五〇人ぐらい受けて、合格者は一〇人そこそこだと。去年の好成績に油断したのか。

いまドレーパー使節なる者が日本に来ていて、新聞の伝えるところによると、日本の賠償はよほど緩和されるらしい。それどころか、再び東洋の工場だという。アメリカの現金さにも恐れ入るが、悪いニュースではない。ただ米ソ戦がなければ、の話だが。

三月二十七日（土）　三時頃から佐藤家で竹林コンパ。佐藤、石井、滝田、伊藤、江原、田岡、河和、山極の八人。どぶろく一升ですき焼き、危機迫る国際情勢から始まって、仕事の話などなど六、七時間。

郵便局に戻って、浜野たちとは神霊の話、不思議な世界の話。

三月二十九日（月）　一一時頃、関東女学院に行く。勤労奉仕のつもりで情熱を注ぎこみたい。いまの日本では仕事にのみ没頭できる人は少ない。やむを得ないことだが、とくに教育界においては憂うべき事態というべきだ。道義的責任感で奉仕してみたい。

大学に回ったら、文学部の入試発表。Ｓに会ったら、落ちたという。誰と彼も落ちたという。

◇

東大は、東京帝国大学から東京大学にかわった。アメリカ占領軍は、空襲の被害もほとんどなかった東大を接収利用しようとしたが、内田総長は学問と教育の牙城を守り抜いた。そして多くの志願者を迎えたのである。

◇

四月一日（木）　春らしい気候になった。正に待ち得たる春である。日本に自立への道を許せとマッカーサーが述べ、賠償緩和の色々な情報が伝えられる。米陸軍省は日本の主食配給を二合八勺に、と勧告したよし。

四月八日（木）　桜満開。昭和十九年に桜を眺めた深い思いは、もう起らない。まして昔の風流隠士のもののあはれなど。この頃は日記を書くのも面倒くさい、本を読んでもすぐほっぽらかす。何しろ落ち着かない。「軍国の人」の見通しをつけなければ。

昨日午後、晃を池袋で送った。

◇

わが家の三男晃は終戦で陸軍幼年学校から都立九中にもどり、一年休学して旧制松本高校を受けて合格し、旧制高校の最後の生徒になったのである。新制高校誕生の年であった。全国で三五〇〇余の旧制中学校が新制高校に衣替えをした。私の母校府立九中は東京都立第九新制高等学校になった。わが家の四男潔は、都立九中での四年を終えて、都立第九高校の二年生になった。

水戸高校を受験して合格した最後の水高生は二九回生である。その二四一名の中に一名の女性がいた。文部省が高等学校令を改正して、女子の入学資格を認めたのは二十二年二月のこと、全国で三〇人の女子高校生が生まれたが、水戸高は翌二十三年初めて女子の受験を認め、一五名の女子志願者のうち二名が合格、その一名はお茶の水女子大学に入学、水戸高等女学校出身の堀江由紀子が旧制水戸高校史上唯一人の女生徒になったのである。

なお熊本の五高には永畑道子ら四名の女子が入学した。

◇

【関東高女教務課高木正順からの葉書】

過日は失礼申上げました。

早速乍ら新学年より火水木の三日間に高等学校一年二年及中学校三年に合計九時間御手伝いいたゞきたく右御依頼申上げます。科目は国語でございます。この前一寸お話し致しました西洋史は都合で私が受持つことに致しました。

来る十二日が始業式、十三日から授業がはじまります。ご都合がつきましたら十二日午前九時頃御来校いただきたいと存じます

余は拝眉の上万々

四月八日

四月十一日（日）　昨日昼郵便局に来て、風呂に入って洗濯をして、それから玄関で蹴球やホッケーの大暴れ、久しぶりで大汗をかいた。再びぬるい風呂に飛び込んで汗を落とす。夜の勤務は一時から四時まで。寝て起きたのが今朝八時半。寝坊でどうも頭がさえなかったが、東大入試に失敗したKへの手紙を書く。

四月十三日（火）　昨日は九時頃関東女学院に行った。榎本先生という老巧な女性にしてやられて、文法をみな押し付けられてしまったが、いろいろ工夫をすれば道は出てくると思うので、そう悲観もしない。

困ったのは一年生だ。まだ教科書が来ない。何か話をしてやらなければならないが、何を話したらよいか、さっぱりわからない。頭をひねったが、妙案は浮かばない。やはりユーモラスな話でないと気の毒な気がするのは親切すぎるだろうか。

◇

最初の授業で私は、失敗をしたらしい。高二B組での文法の時間。私がいろいろな質問をして、最後に「皆さんの実力はこの程度ですか」と言って、生徒を怒らせてしまったのである。むっとした生徒がいた。

「失言をして気にかかる」と、その日の日記にある。「大体、野人が女学校にいるなんて喜劇的だ。しかもおどおどした気の小さな野人が」と。

それから二週間たった二十八日の日記には「一時間目大いに虚栄心を傷つけられた例の女学生、礼もしない。さすがにちょっと気に障ったが、ぐんぐん進んで憂さ晴らし。やっぱりあんなことがあると祟る」と書いてある。

◇

五月一日(土) 初めて六大学リーグ戦を見に行った。法明と早東の第一回戦。少し暑すぎるくらいの上天気に恵まれて気持ちがよかったが、試合は早稲田七対東大三で負けた。東大はパトスが足りない。

五月二日(日) サンマータイムになる。昼から郵便局で、ほとんど「軍国の人」に没頭。

五月三日(月) 憲法発効一周年記念日。小雨の中を家に帰って寝たり書いたり。

五月四日(火) 混んだ電車に乗ってきて、九時半から四Aで授業。疲れていて、全く元気が出なかった。七〇〇円ほどの給料をもらったから、少し栄養でもつけようか。

五月五日(水) 午後もしばらく女学校に残って、お節句の御馳走、と言ってもたけのこの煮たのと餅菓子二つをいただき、一年生とボール遊び。なんだか一年生がかわいくなってきた。

五月二十二日（土）　二十一日は仕事が終わってから大学に廻り、五月祭の式に出席。午後は諏訪根自子を聞いた。久方ぶりに晴れた太陽の下、一二時頃から並んで、二時頃まで。昨晩は玄関勤務で寝不足だったから大分うんざりしたが、努力する価値は十分にあった。

五月二十三日（日）　五月祭に行ったが、雨に降られてくたびれもうけに近かった。兄部と話したが彼の言葉も遠くなった。

五月二十七日（日）　一時から玄関の勤務で、「軍国の人」を書いたが、大分消耗した。どうもいささか疲れているらしい。近頃思い悩むのは、このＣＣＤアルバイトをやめる時期のこと。昨日もデスパッチで二人くびになったとか。どうも気分が悪い。冬の郵便局は極めて魅力的だが、体には相当な無理があるだろう。しかし金の問題。女学校の七〇〇円はせいぜい煙草代。育英資金で間に合えばよいのだが。

いずれにしても卒業論文、「有島武郎」とそろそろまともに取り組まなければならないぞ。

六月四日（金）　二日は郵便局から女学校へ、女学校から大学へ。図書館で一時間ほど寝て、有楽座へ。寺沢、浜野と「椿姫」を見る。初めての歌劇で興味深かったが、歌がよくわからないので十分の鑑賞はできなかった。終わって有楽町で豪遊、散財。

昨日は午前中女学校、午後大学。出会ったY曰く「この頃恋人でも出来たんじゃあないですか」と。きれいになったと誰にも驚かれる。浜野と寺沢は、CCD時代の特筆すべき事件だという。自分ではそれほどにも思わないのだが、こう騒がれると、そうかなとも思う。とにかく金があることが大きい。それと女学校に行くことだ。

今日は郵便局に来て久しぶりで入浴。三人で水高送別歌を歌った。寺沢とは今日でお別れだ。

六月六日（日）　四日、郵便局からの帰り、池袋東洋で「カルメン」を見る。名画だ。力にあこがれてやまぬ娼婦カルメン、天性の自由人。

五日は関東高女のバザー。みつまめで腹いっぱい。ほのかな色の香り、可憐な花の蕾。女学校の良さを一人静かに楽しんだ。

今日は郵便局で九時半までレコーダーを押し、二時間ほど寝て三階で「軍国の人」を書いたが、まだ気分的にぴったり来ない。

帰宅後は今まで一年生の作文の添削。少々うんざりだ。先週注射で一年生の授業がつぶれた時、彼女ら、わんわとはやしたてたが、先生も授業はつぶれた方がこのましいのだ。どうも申し訳ないが、私は立派な先生ではない。わがままな男が貴重な時間を使って、いやいやながらの添削をしているのだから少しは感謝してくれたまえ。

六月八日（火）　少し風邪気味で面白くない。芦田からハガキ。結婚と病気の知らせ。彼と江原にハガキを書いたが、あちこちに御無沙汰ばかりだ。

暑い日だった。

◇

その四日後、私は九時二五分発で水戸に向かった。やはり車中「立ちん坊」だった。芦田を訪ねると彼は寝ていたが、病状はそんなに大事とも思えなかった。それですぐ二人の議論になった。そして夕食時。

「僕はこっちで食う」と芦田が言うと、

「なにー」と隣室からすごい声。「昼ごろから来ているんだ。病人だというのに」

驚いたが、新婚の奥さんが気の毒だった。しかし彼女は三方に気を使って、しかも毅然としていた。芦田は良い結婚をしたなあ、と私は思った。

旧三七部隊の水高寮に一泊。十三日は水戸商業のグランドで戦後二回目の、そして最後の二高戦があった。対面式の後、庭球とラグビーの試合を見た。ラグビーは負けたが、この年卒業した二六回のラグビー部員が安東を除いて全員応援に駆け付けてくれたことを私は喜んだ。試合終了後、飛ぶように郵便局に帰った。

◇

六月十八日（金）　昨日やった一年生書取試験、惨たるものだ。馬鹿野郎と怒鳴りたくなる。ああ、やめてしまいたい。しかしわずか一学期だけで辞めるのは悪い、と思う。

『有島武郎全集』七五〇円で買った。

◇

我が家の近くに小さな店を出した若葉会にいた男の古本屋にあった『有島武郎全集』だった。

◇

六月二十日（日）　先日、太宰治が死んだ。彼のものでは「春の枯葉」「斜陽」ぐらいしか読んでいないし、大した感想もなかったが、確かに一つの出来事には違いない。石井の話。ラジオプレスの女性たち「本物の芸術家は危険だ。芸術鑑賞家位がよい」と話し合っていたよし。

一周忌の法事。あんなおはぎを母に食べさせたかった。

一時頃遠西きて、六時頃まで話していった。大学政治の種々相を聞く。結構問題が多いらしい。

太宰治は六月十三日、玉川上水で山崎富栄と入水自殺した。

六月二十三日（水）　初めて女学校を休んで二時間ぐらい寝た。一〇時過ぎ家を出て大学に行ったら、文、経、農は同盟休校中。

いろいろ考えたが、結論はなかなか得られない。学生運動がある程度政治性を帯びるのはやむを得ないと思うし、またかなり有力であることが必要な一勢力であると思う。その性質上、常に極端に走る傾向はあるが、やはり存在価値を持つと思う。ただ、強力な自己主張のみがその発展を促すとは限らない。尖鋭な左翼には、尖鋭な右翼が対抗する。私が望みたいのはやはり聡明な行動だ。

◇

この同盟休校は史上初めての全国的規模のもので、授業料値上げ反対運動から発展した、いわゆる教育復興闘争の一環だった。中心になった全国国立大学自治会連合の直井委員長を始め、水戸高出身の活動家も多かった。

◇

七月二日（金）　一時起きの勤務。ねむくてねむくて今までほとんど居眠り。そろそろ四時だ。

昨日は女学校で大騒動を演じた。二時間目の高二Aで近世雅文集をやっていた時、雨が降ってきて、後ろの席では聞こえないという。で、黒板に「聞こえずばやむまで待とう俄か雨」と書いて講義をやめたら、彼女ら歌を歌ってくれという。「五万人節」など歌ったら、寮歌を歌ってくれというので、「見よはるかなるわたつみに」と蛮声を張り上げたところ、彼女らみな机にうつ伏して大笑い、廊下にも人波があふれた。職員室にもどると、高木老先生「今日はだいぶにぎやかでしたね」という。三時間目には老先生、見回りに来た。その時はおとなしく文法をやっていたからよかったが、どうもいかがわしい教師だと思われたことだろう。信用を落としておけば、やめるには好都合だが、そこまでの勇気はない。

◇

女学校は戦災で焼けてバラック校舎だった。強い雨が降れば、屋根の音がものすごい。そのものすごさに挑んだ私の「見よはるかなる」は、昭和八年の水戸高第一四回記念祭寮歌だった。

◇

七月三日（土）　昨日「革命の心理」を読み、有島も少し読んだ。実り多い読書だった。

芦田からハガキが来た。「君だけが思考中枢の平衡を失している」と、あまりに傲慢な攻撃にいささかむっとして返事を書いたが、出そうか出すまいか。

芦田の批評は先日の議論の中味より、CCDでの夜勤をしながら女学校で生徒に教えている私の生活を評したのだろう。

◇

七月八日（木）　暑い日が続く。一時起きの玄関だったが、ほとんどうたた寝。女学校に行けば、試験前の質問攻め。また郵便局にもどって、極めて痛い注射を受けた。

一年生には、慣れ親しまれてしまって、手も足も出ない。今日は授業が終わると出口をふさいで、「先生、一年生は朗らかでよいでしょう。上級生はすましていていやでしょう」などと騒ぐ。無邪気な悪魔たちよ、あまり困らせないでくれたまえ。

◇

その七月八日夜、高木老先生が姿を消した。私は翌九日、高二の試験のため女学校に行き、四時頃まで採点をしたが、その間、「高木先生が見えない」「どうしたんでしょう」などの話を耳にした。そして十二日朝、出勤の途中、学校もよりの初台駅で出会った中年の女の先生に高木先生失踪を伝える新聞を見せられた。老先生が三笠宮妃の父君であることなどをその時初めて知った。

十四日の「朝日新聞」によると、高木もと子爵は失踪前日、ある友人とのかすとりの飲み会で太宰治の死に話が及んで、「自殺者はどうしてゲタを脱ぐのかな」と友人が言ったとき「死ぬとは競争サ、人間、競争ともなればダレだってハダシになるよ」と応じたという。

十五日の新聞には遺書が載った。「我れ生来愚鈍にして怠惰也。国体の変革に当り、又敗戦後の経済金融の悪循環による高物価時代に処し家庭を修むる能力に欠くる所あり（中略）民法における家は滅ぶとも清和源氏の流を汲む血統の絶えざる様（後略）」と、嗣子にあてた遺書であった。

私が女学校をやめることを生徒に伝えたのは、新聞に高木先生の遺書がのったその十五日だった。最後の女学校行きは二十日。二十二日にはある生徒からの手紙を受け取った。「今の世の中は人間の命なんて、何時どうなるかわかりません」と書きだした長文の手紙だった。「現に今日二時間目まで校庭で元気に遊んでいたH先生のお子さんが三時間目にはもう死体になっていました。上水のところで遊んでいたそうです」。そして私の最後の授業についての批評、「先生は太宰治の死、又高木先生の事に関連して、苦難、悲哀は常に人生にとって新しい道を開くとおっしゃいましたが、私にはピンときません。未来なんて、何が待っているかわからないと思います。その人にとって、死ぬのが幸福なら死んでもよいのではないかと考えるのは、まだ甘いでしょうか」と。

その後、数人の高二生から手紙が来た。高木先生について記した手紙もあった。高木先生に習ったことはなかったけれど、新任のある先生の最初の一週間がお休みだった時、高木先生が代理として二時間「哲学の話をして下さいました」。「実に愉快な先生で」「時々黙ってしまったり」「時々突拍子もないことをおっしゃったり、でした。」と。

高木先生、高木正得もと子爵の遺体が奥多摩山中で発見されたのは十一月一日だった。八日に赤坂の家で告別式があり、女学校の全校生が参列したことは生徒からの便りで知った。

高木先生を追って、七月から十一月まで飛んでしまった、この間は芦田内閣が総辞職をして吉田茂第二次内閣が成立したが、特に大事もなく私はまだCCDのガードだったし、その四ヵ月の記事は省略してこのまま先に進みたい。

◇

十一月一日(月)　またまた日記をためてしまった。思い出すことだけ簡単に記そう。

十月二十四日、昼から関女の運動会に出かけた。天気が低迷して、その日も雲低く、雨を心配したが、寒さに震えるだけで済んだ。「訪ね人」に引っ張り出され、俊足ぶりを発揮、かなり順位をあげて得々と席にもどるや、すぐまた「Y先生!」の呼び声。

今度はずいぶん消耗して、しばらく息がもどらなかった。しかし女学生と手をつないで走った感激も長く残った。

二十八日、父に大学院入学を勧められた。

三十日、山中湖行き。小雨の中を七時頃郵便局を出たが、集まったのは石井、吉田と三人だけ。富士吉田では雨止んでいたが、バスの途中で降りだして明日の晴天は絶望的だった。しかし雨に煙る湖畔の景、学寮のある落葉松の林はすばらしかった。三人で夕飯の準備をしているところへ高城が現れて四人にぎやかな酒宴になった。目が覚めると意外な晴天。苦心の朝飯を終えて出発、三国峠、明神峠を通って小山町駿河駅まで秋色豊かなハイキングだった。

◇

二十四日の関女の運動会は、もともとは十月十七日の日曜日の予定で、続いて、修学旅行や二五周年の記念行事が行われるはずで、まず運動会に「是非是非おいで下さいませ」とまじめな旧生徒からの手紙にあったが、それが延期になり、修学旅行も延期になり、記念行事は学芸会だけになったということだった。詳しい事情は分からないが、関女は戦災に加えて、学制変革の難題に直面して、その経営は困難を極めていたのではないだろうか、

◇

十一月六日（土）　今日は八時からＣＣＤの野球があるはずだったが、雨がビシャビシャ、で救われた。卒論の構想は昨日さんざん頭をひねった挙句、「或る女」中心のおぼつかない成案を得た。昨夜は一時からの玄関でＭさんへの返事を書いたり、小林多喜二を読んだり。多喜二の「一九二八年三月十五日」、心打たれた。日本の警察であんな残虐な

拷問が行われていたとは、知らなかった。私は闘士にはなれない。平凡な小市民としての生き方を確立したい。

二日の米大統領選挙は、みごとに、あまりにもみごとに一般の予想が外れて、トルーマンの再選となった。「特集デューイ夫妻会見記」と出した「主婦の友」の広告なども滑稽なものになった。

四日から極東軍事裁判が再開された。ウェッブ裁判長の厳かな様子は噴飯もの。人間の歴史は、まだこの程度なんだ。

十一月十六日（火）　朝から雨。六時と言えばまだ暗い。その中で掃除をし、例によってさつまいもの朝飯。この頃は皆飽和状態らしく、あまり減らない。また思い出日記。

寺沢が郵便局に来て、高等文官試験一次合格を報告したのは十日だった。良かった。

十一日は米国の第一次世界大戦休戦記念日で昼までの勤務。大学に行ったら淵野らと会い、共に新宿で酔っぱらい、朝帰り、家では寝て、三時半頃郵便局に行く途中、どこかのラジオで東京裁判の判決を聞いたのだった。東條ら七人が絞首刑。広田弘毅の絞首刑は気の毒な気がする。彼の二人の令嬢は、一日も傍聴を欠かしたことがなかったという。

十三日は草深さんの家に若葉会の五人集まって、私はよくしゃべった。軍隊生活の事、酒のことなど。みな面白かったというので、いい気持になった。

◇

絞首刑を言い渡された広田弘毅は、旧陸軍のテロ集団に岡田首相らが襲われた昭和十一年の二・二六事件のあとの総理大臣だった。私は小学校六年生で、その頃将来は政治家になろうと思い始めた。広田は東大法科を出て外務省に入り、外務官僚の階段を上り詰めた人物で、その経歴が少年の私の参考にもなり、親しみさえ感じていた。

◇

十一月十九日（金）　昨日から卒論の筆を執り始めた。一〇枚ぐらい書いて、すっかりくたびれた。これで何とかしてしまわなければならない。

近頃、また懐かしいCCDのにおいがしてきた。五時半と言えば外は暗くなって、ここの暖かな空気が心を和ませる。あのセボラ助平中尉も警備の任を離れて、ガードの平和ももどってきた。

近頃の世界で注目をひくのはシナの戦況で、蒋介石はいよいよ窮地に追い込まれている様子。アメリカの出方が問題だ。

セボラ助平中尉のことは省略した十月四日の記事にある。ここに補っておく。「この頃セボラという中尉がよく来る。そして何だかんだのつまらぬ文句を言ってゆく。彼が来る目的と言えば、どうせ隣の婦人宿舎をのぞくことだ。照れ隠しに文句を言うのだ。心の底から癪に障る。軍隊時代の思い出、暗い馬鹿げた思い出がよみがえる。とにかく面白からざること並大抵ではない」。

◇

十一月二十一日（日）　昨日の朝は素晴らしく美しかった。一〇時頃まで卒論の筆を執って、いい加減くたびれた。郵便局に来て少し「九巻」を読んだが、面白くない。三時半に昼の仕事が終わったので、誰かの家に行ってみようか、などと思っているうちに雨がぽつぽつ。やがてはどしゃ降りになって雷がごろごろ。気が狂ったような空だ。有島の日記も丁度彼の憂悶期、浜野も前日の嵐でダンスに行けず、家は停電で面白くないらしい。私もてんで面白くなし。卒論は実に難事業だ。

十一月二十三日（火）　昼飯を食って家を出たら、池袋で関女の三人にあった。我が家に来るところだったと言う。一緒に大学に行き、三四郎の池で語る。結構何だかんだしゃべった。なるべく面白そうなことを、とはつとめたが、いかんせん、私は彼女らの世界と遠過ぎる。

十一月二十五日（木）　いまは朝の三時二〇分。一時から四時までの勤務だが、昨日から労働強化。タイムレコーダーは一五分おきになり、寝てはいけないの何のと馬鹿げた話。マッカーサーに投書しようか、とまでかなり真剣に考えた。アメリカの裏面をも、つくづく思い知らされた。モミーという男は朝来てヒーターに障ってみて、まだ来ておらぬというので、ボイラーをくびにし、タイムレコードの押し方が悪いというのでガードをくびにした。ロバートは、ガードは非番の時も寝てはいけないという。「ガードは読書すべからず」と、これも命令である。本を読まずに夜の一時から朝まで玄関に座っていられるか、どうか。

こんなおかしなことになると早く辞めたくなるが、今やめると越冬資金がもらえない。こいつはでかい。早く日がたってくれればよいとも願うが、あまり早く日がたつと卒論の方がこまる。昨日やっと六〇枚になったが、この調子だと相当長くなりそうだ。

良い天気に夜が明けた。が、今日は感謝祭とやらで昼までだ。それから久しぶりで大学へ行ってみようか。

昨日二十五日戦犯に対するマッカーサーの裁断が下った。極東裁判で感心したこと、裁判の限界をはっきり指摘していること。天皇を招致しなかったのは連合軍の最高の利益に基づく、等のことまで明らかにしていることである。世界の主流はやはり力で動いている。しかし知性がそれを拘束する度合いがやや増していることは確実だ。それのみが私を勇気づける。

十一月二十六日（金）　昨日昼から大学へ行って育英資金をもらい授業料を納めた。遠西と会い、白十で四時半まで駄弁った。彼、共産党に入るか、はいるまいかで迷っているというので、話は尽きず、駒込から池袋、まだ片が付かず、とうとうみっちゃんの家に案内してしまった。そこにソ連から引き揚げてきた三〇くらいの小父さんが来て、ソ連の内情を語った。ソ連は嘘で固められた国だという体験者の話は、説得力があり、強力だった。Tと私の間にあった問題も氷解の感。

十一月二十八日（日）　寒い夜だ。玄関のヒーターに毛布を掛けて足を突っ込んでいると、足はあったまって眠くなるが、背中は冷たい。今年の十一月は暖かくて楽だったが、今朝は霜が降りた。刻々と冬が迫る。昨日の土曜日は九時頃CCDを出て大学、久松さんの印をもらって卒業の届けを済ます。常田に会う。就職戦線苦戦らしいが、これから彼女に会うのだと。今日は朝から卒論。関女の学芸会があるはずだったが行かず。

十二月十一日（土）　昨日到頭有島が死んだ。長い生涯だった。あとは簡単に弔えばよいんだ。いまの所総計一八四枚、まず手頃な長さだろう。一昨日と昨日は頑張った。そして解放。久しぶりで気が晴れた。

今日は一時からの玄関勤務。ちょっと我が「軍国の人」を読んだが、てんでなってない。幼稚だ。「或る女」などを少し真剣に読んだことは執筆上の重要な参考になったようだ。とにかく「軍国の人」は前途遼遠だし、筆で立つことは困難を通り越して不可能とまで思えるくらいだ。

今年などほとんど一年中書いて暮らしたようなものだったが、筆の上達など正体がつかめないし、思う存分を書きなぐれる境地までは極めて遠いことが確かだ。憂欝なことだ。

十二月十七日（金）　いつの間にか日記をためてしまった。この頃の生活は再び「軍国の人」に立ち返った。今まで書いた二冊半の草稿は、所詮資料に過ぎない。内容はあまりにも貧弱だ。しかし遅々とはいえ、「軍国の人」は私が生きている限り成熟してゆくだろう。

グルーの「滞日十年」を読み始めた。優れた人だ。確かにアメリカは数多くのすぐれた人材を擁している。これは驚嘆に値する事実だ。

この頃の政局は、日本の政治家がいかにちっぽけであるかを明白に露呈した。泉山蔵相は大蔵委員コンパで泥酔、女代議士にふざけて辞職。元首相芦田君も起訴された。

東京駅の見事なクリスマス・ツリーは、国家機関である駅の構内にキリスト教を飾る憲法違反だと仏教関係の某代議士が怒ってとりはずされたと。

十二月十九日（日）　昨十八日昼からの郵便局はコーラスの練習や映画で、ガードも多忙を極めた。七時頃からGIのパーティー。エロショウ、エロ映画なるものを始めて見た。後でエロショウを演じた四人の女の子の一人と話をして、何か心を打つものがあった。酒はあまり進まなかった。三時頃まで四階で童貞論。要するにくだらなかった。

十二月二十一日（火）　今日は会計残業で例の下士官根性の男が起きているので、四時からの勤務なのに特に一時起きで三階のはじに座っている。いささか寒い。昨日は大学、一食で寺沢と会う。彼は高文合格。浜野が写真を撮ってくれた。午後は国文研究室で池田氏に会う。跡見に専任教師の口があるという。場所も近いし理想的だが、給料八〇〇〇円ほどと聞いて、いささか怖気づく。どうもいそがしそう。私には何よりも閑と時間が必要だから、安月給の講師がよい。務める以上半年やそこらで辞めたくはないし。どうしようか、迷う。

十二月二十四日（金）　昨朝戦犯七人の処刑が行われた。全員仏の道を思いながら死に至ったということは、何か不思議な感を受ける。もちろん三年も裁判を受け、運命に従う以外にないのだから無理もないと言えば言えるのだが、私としては東條ら旧日本陸軍の代表者たちには、もっと旺盛な死を期待していた。

昨日アランの「幸福論」を買った。ニーチェとアランとマルクスが私の三つの何かになりそうだ。

昨日衆議院解散。

十二月二十五日（土）　若葉会のクリスマスの集いに行く。次期委員選挙で二位。ずいぶん人も変わってしまったのに、一一票も私に集まるのは東大の威力か、トランプで班を決めて班で競争、そして芸達者な人たちの余興。愉快に過ごした。家を出るとき、父が「あまり遅くなるな」とくぎを刺したのでいささか気になっていたが、終わったのは一時過ぎた。少し若葉会を盛り立ててみようか、という気も起る。とにかく二年以上続いて来たということ。そして特別の集まりだと四〇人ぐらいが来るというのは、たいしたことである。青年の理想主義の一支柱ができないだろうか。

十二月二十七日（月）　五時頃草深さんの家。集まった面々は鈴木、山下、丸山、島田、板津、坂元と私。あっさり二升平らげて、諸芸続出、実に楽しかった。これから雑誌の回覧をすることが決まった。

十二月二十九日（水）　CCDの大変化に面食らった。PPBが一部移ってくるということで、我々はガード部屋を追い出されたのだ。七時頃から三階で寝た。一時から玄関に座っている。まだ二時二〇分。ねむい。本当にそろそろやめたいが、教職がむづかしいとなると困ったことでござるだ。

十二月三十日（木）　昨日、帰りに山下さん、坂元さん、丸山さん、鈴木さん、草深さんを訪ねて、集まってもらい、回覧雑誌を選んだ。

弟TとKと三人で一斗の餅をついた。

十二月三十一日（金）　郵便局を出たらひどく寒い朝だった。家に帰ってすぐ蒲団の中。

お年取りは一応の酒と一応の料理。弟晃が松本から帰らないので、一家五人の静かな年取り。

昭和二十四年（一九四九）

【ノート】

早朝四時頃、父が二階に上がってきた。起きてみたら雨もりだった。桶を持ってきたり、ふとんを移動したりして、その場の始末をするとすぐまた寝て、起きたのは七時過ぎだった。変にあたたかな、どんより曇っていてまた雨が降りだすといった元旦だった。朝のお雑煮は食べたはずだが、日記には「新聞も来ず、年始状も来ず」などと書いて、私はＣＣＤ（民間検閲局）に出かけた。ガード勤務の間に「辰野隆選集」を読んで時を過ごした。夕食は二升の酒とすき焼きの饗宴になった。その後若者五人で新橋に出掛けてかすとりを飲んだ。「その後のことはよくわからない」と二日の日記は記している。要するに私は悪酔して、醜態をさらしたのだった。

二日の日記によれば、私に来た年賀状（年始状）は三枚だけで、すべて女学生からのものだった。その日、有り金を数えてみたら、五三〇〇円ほどで、「一月末にはアルバイトをやめられるだろう」と記してある。

九日の日曜日は水戸高竹林洞の新年会が佐藤家で開かれた。かすとり二本とビール六本。料理は佐藤のお母さんと妹さんの手作り。アメリカについての話から始まって株の話など。酔いが適当にまわってから余興になった。年長の河和さんはワイフとベビーの為に早く帰ったが、石井が珍しく上機嫌。田岡も大活躍。中でも傑作は佐藤のタコの芸。謡が入っているのだからたいしたものだった。私は例によって線香花火。一〇時頃散会。私と常田は佐藤の勧めで泊まることにした。伊藤、滝田ら四人を九品仏駅に送ってから三人は多摩川にゆく。佐藤が、ついに川の中にじゃぶじゃぶとはいった。

一月二十三日（日）　うららかな日。楽な冬だ。今投票に行ってきた。裁判官の国民審査は白紙、衆議院は神山茂夫にいれた。

一月二十四日（月）　ＣＣＤからの帰り、東京駅前、池袋駅前、交番前と、三ヶ所の選挙速報板の前で立ち止まり、相当くたびれて今帰った。民自が優勢、東京では共産党が伸している。希望としては、とにかく局面をはっきりさせることだ。

◇

第二四回総選挙の結果は、民自党二六四、民主党六九、社会党四八、共産党三五だった。社会党は前回第二三回総選挙の一四三名から、三分の一にへり、民主党は前回一二一名から五二名の減になった。そして共産党が前回の四名から九倍近く急増。私が投票した神山茂夫は東京五区でトップ当選した。

二十五日の日記が記す私の総評は

「今後は軽々に予断できぬが、日本で全く新しい試みがなされるだろう。それが日本の民主政治の貴重な糧となってほしい。棄権率が減ったのも存外の事だった。社会党はこれを好機として立ち直らねばならぬ。大衆との結びつきを軽視して、議会でおかしな行動をとったからこんな結果になったのだ」と。

私と浜野とが、ＣＣＤをやめたのは一月三十一日だった。一年二ヵ月続けたアルバイトだった。にぎやかなお別れパーティが行われて「相当飲んだ」とある。

二月二日は水戸に行った。新設される茨城大学についての情報を得たいと思ったからだった。水戸高現役の寮史編纂係の人たちと会い、芦田と会い、中村先生を訪ねた。「だいぶ考えねばならないことがある。が、今日の私にはその能力がない」というのが水戸行きの結論だった。

◇

二月六日（日）　午前中は「新潮」を読んだり、「軍国の人」を書いたり。「新潮」の石川達三「神坂四郎の犯罪」は面白い。

午後、常田宗七先生の告別式。板橋一〇丁目の智清寺。古い時代の人々に多く出会って、同窓会のようだった。

◇

常田（ときた）先生は、毎朝の朝礼で生徒にかならず何かを語った大校長と言うべき人物だった。府立九中の誕生は昭和三年（一九二八）、時計台のある鉄筋四階建ての校舎が完成して、校舎落成記念式が行われたのが昭和七年、式には鳩山一郎文部大臣が出席、登壇して話をしたという。その創建時代を指揮し、その後昭和十八年十月までおよそ一五年、九中に君臨し続けたのが常田校長だった。

明治十八年、長野県に生まれ、小諸義塾で島崎藤村に学び、一高、東大を出て中学教師になり、府立五中、同六中などで歴史を教え、四四歳の時九中の校長に任ぜられた。

府立九中が都立九中となるや、ついに校長交代。常田宗七に与えられた新任務は、都立女子専門学校校長兼第六高等女学校校長の職。その直前、八月に恩師島崎藤村が死去、続いて、女子校へ行けとの命令が彼を驚かせた。大校長に新時代の課題が与えられたのである。しかし初めての女子世界で不如意、不人気、不遇の時をかこつ中で二十年四月には米機空襲で家を焼かれ二十一年三月には突然勇退を迫られて退職、「家なく職なく未完成の五人の子女をかかえて」の不満生活が続き、二十四年一月二十九日、六五歳で死去したのである。

◇

三月二日(水) 昨朝、父母を信州に送り出した。寒い朝だった。昼間は下にいないと不用心なので、こたつに入っているため、筆をとれない。それでいろいろ読み散らし、いささか飽和状態だ。ルソーの「懺悔録」、渡辺一夫「狂気についてなど」など。

三月五日(土) 昨夜はすき焼き。松本の晃をのぞく兄弟三人で大いに食った。ガスが豊富に出るようになったので、楽だ。こんな自炊なら苦でもない。

久松さん(国文教授)から区立の中学に口がある旨ハガキが来た。区立の中学ではあまり気も進まないが、どうも就職戦線は多難のようだ。この頃、留守居番で動きが取れないのも弱ったことだ。

きだみのるの「気違ひ部落周遊紀行」は面白かった。けだし戦後文学の一傑作であろう。「懺悔録」は四巻で止めた。ルソーとは肌が合わない。渡辺一夫は面白い。

三月八日(火) 昨日父母が大量の餅を持って信州から帰った。今日は素晴らしい春の朝。久しぶりで大学に行く。就職掲示板をのぞき、メトロに寄り、研究室へ行こうとしたところで安東仁兵衛に会う。

「山極さん、国大法反対の協議会に出ていただけるでしょう」

「何時から？」

「一〇時半です。三六番で」

ちょうど一〇時半だった。

「へえ、俺は知らないね」

「だめだなあ、大変なんですよ」

彼は急ぎ足で去っていった。研究室では、謝恩会費五〇〇円也にいささか驚いたほかは、変わったこともなし。

森助教授——日本は文化国家として立たねばならない。しかし現状は民主化とは遠く、北海道から九州までボス勢力に握られている。この際、国大法は絶対に阻止しなければならないと。

東芝の労組代表——東芝では「海の彼方の主人公」の意を迎えるために首切りを断行しようとしている。敵は同一である。我々は支援を惜しまない。ただ昔の大学を維持しようとすることには反対する。舟橋聖一や太宰治を生むような大学、東芝の某課長のような独善的悪者を生産する大学から、真の人民のための大学に成長してもらいたいのだ、と熱弁をふるった。

二時、学生ホールに集まる。調査宣伝の仕事をすることにした。四時半頃までビラを書いたり。妙な成り行きだった。

◇

全学連、すなわち全日本自治会総連合ができたのは前年九月である。六月下旬に行われた教育復興闘争の中から全国組織結成の機運が生まれたという。私は何も知らなかったが、たまたま結成大会のある風景を見た。二十三年九月十八日の日記に「大学に寄ったら自治連の連中の騒ぎに出くわした。教室を借りられなかったとかで、舞長さん、電車に乗る所を引きづりおろされ（多分）、法経の研究室で交渉。直井やNが立って何だ、かんだ。ああいう光景に接すると、やはり緊張する」とあるのがそれで、大会第一日目の会場として予定した三八番教室の使用を舞出長五郎経済学部長に断られて、ひと騒ぎ持ち上がったものであった。それから半年、全学連は激しい闘争に明け暮れたが、私が直接闘争の一端に加わったのは今回が初めてだった。

◇三月九日（水）　二三日中に栄光学園と小金井高校のいずれに行くか、あるいは行かぬかを決めて、久松さんに報告しなければならない。
今日は一〇時頃大学につき、大学法阻止運動にちょっと助力。一一時研究室。写本を読みそれから久松さんに会ったのだ。昼は芝生。Kさんも渡辺さんも良い口がなくて困っている。Kさんの実状は養子の悲劇だ。Sさんは結婚問題のごたごたで悩んでいるよし。実にろくなことはない。

◇大学卒業の日が迫っていた。卒業後は一週何日かの講師でもやりながら大学院で勉強を続けよう、という考えに固まっていたが、適当な講師の口があるか、どうか。もしなければ、大学院はあきらめて、専任の教師になる他はないだろう。そんな迷いの中に日が過ぎて、謝恩会やクラス会や後輩たちが開いてくれた送別会やがうち続く多忙な時期が来て、大学法阻止運動の方はすっかりご無沙汰になってしまう。そんなある日、1枚のハガキが舞い込んできた。

◇

【全学連から】

実行委員諸兄

吾々が大学法反対運動の狼火をあげて以来、教育・文化の危機を物語るこの問題は急速に拡がりつつありますが、その後情勢はさらに深刻な様相を示し、伝えられる二四年度予算では公共事業費・文化教育費等は大はばに削減され、このため六・三制をはじめ、我が国の全教育体制は今や崩壊の一歩手前に立っていることが明らかとなりました。(中略)日本の教育と文化を破滅から守るための最後の機会が今過ぎ去ろうとしているのです。一刻も早く吾々の一致した大運動を押し進めねばならないのです。

来る四月一日全学連では全国一斉の同盟登校を以てこの一大抗議運動の火ぶたを切ることになりました。学問を愛し文化を愛する諸兄が万難を排してこの日(午前十時法文経二十番教室)登校されるよう切望いたします。一九四九年三月二六日

大学法対策東大実行委員会

東大学生自治中央委員会

◇

このハガキの日付、三月二十六日、私たち水戸高竹林洞の面々は、群馬県滝川村

の江原家に集まった。バラさん（江原）の結婚を祝うためだった。彼の結婚は婿入りで、翌二十七日、私たちは実家を去るお婿さんを見送った。赤城、榛名の山々がおぼろにかすんだ日であった。

三十日は大学に出た。文学部の入試発表があったが、私には予想外の結果だった。水戸高で親しくしていたKら三人は全滅。府立九中での親友細島が合格した。驚きだった。

細島は府立九中の四年から陸軍士官学校を受験して合格、少尉任官、南方戦線に派遣されて敗戦、「天地がひっくり返る思いだった」というが捕虜としてシンガポールで約二年、作業隊の生活を送り、輝山丸で帰国したのが昭和二十二年十二月。彼の文章を借りれば、「九中当時の悪童たちが寄ってきて、『あたまを切りかえて出直しだ。大学に行け』という」「私も思い定め、大学目指して、我が第二の人生は始まった」。そしてこの日旧制東大文学部に合格。私が細島の合格を喜んだのは当然だが、水戸高後輩たちの不合格を思うと不思議だった。「いささか変な気がする。実際試験は水物、奇々怪々だ」と私の日記は記している。私は不合格を疑問に思った。

Kは昭和十九年の水高二五回生として、文科一組入学。その年の文科は一組も二組も定員わずか一五名という時代。しかし戦争が終わると、理科から文科への転科が許され、陸海軍の学校からの編入生も迎え入れ、さらに二年で卒業のはずだったのが三年に伸びるという大変転の中で彼は水高再建に取り組んで留年、二六回生として卒業、昨年東大を受験して失敗、今年また不合格になったのである。

三十一日が私たちの卒業式だった。「南原演述は凡にして凡、東大の総長の演述かくの如し。もって日本の水準を知るに足る」と日記は記す。「満員で壁に押し付けられていた腹いせにかく言うに非ず」と二四歳になったばかりの私の無礼な感想だった。

翌四月一日の朝日新聞は南原総長が東大の卒業式で二〇四八名の卒業生に「同胞の抗争さけよ」との訓示をしたとの記事を掲げた。『南原繁著作集　第七巻』ではその演述が「平和の擁護者」と題して、八ページの記録になっている。総長は私たちに、平和の擁護者になってほしいと熱心に訴えたのである。

実は卒業式の日の大学で、私の心に刻まれたのは南原演述より実践女子高で国文科の講師を求めているという就職相談所の掲示だった。実践女子高の講師なら絶好だ。

◇

四月一日（金）　正一〇時に就職相談所にかけつけたが、先人ひとりあり。「失礼ですが、学部はどちらですか」と尋ねると「国文です」との答えに、しまったと思った。はたして彼が実践女子高校の講師職を奪っていった。残ったのは目黒学園。名も知らない学校で、あまり気が進まなかったが、とにかく紹介状を書いてもらった。その帰りに新宿で映画「破戒」を見て泣いてしまった。

四月三日（日）　昨日目黒学園。行ってみたら女子の学校だった。四八〇〇円位くれるというし、すべてが関女よりはましなようだ。どこかで見たことのあるような若い女の先生がいた。校長も感じがよい。ただ早速四日からというのは、あまりにも早い。

四月四日（月）　朝起きたらかなりの雨だった。ふとんがぬれていた。八時一〇分頃家を出て目黒。新任者の紹介があって、その後、職員室での作業。私の授業受け持ちは別科と称する高等科一年生の三時間と、あとは中等科の一二時間。この前の経験から、最初にあまりくだけないことだ。

◇

目黒学園も、関東女学院と同じく戦災で丸焼けになった学校だった。戦後しばらくは青空授業、やがて近くの小学校に間借りしての授業をおこない、その間校長自らも斧をふるってバラック校舎を急造したという。校長は更に福井県に出向いて建築材料を集めて、とにかくつくりあげたバラック建て一棟が当時の校舎のすべてだった。

校長は田村国雄、明治三十五年（一九〇二）二月、東京麻布で生まれ、東京商科大学を卒業、昭和十二年全財産を投じて目黒女子商業女学校を創立したという。盧溝橋事件の年、日中戦争が始まった年である。三五歳だった。なぜ「女子商業」だったのか。経済的能力を備えた新しい女性の育成を考えたのか。とにかく学制改革を迎えてからの学校の正式名称は目黒学園女子高等学校だった。その「商業」は消えていた。

◇

四月六日（水）　九時頃家を出て大学。就職相談所に報告。事務で教員検定の用紙と大学院願書をもらい、朝日信託にまわって、Kに学帽を返した。

◇

卒業式を控えて、私はKから大学の四角い学帽を借り、初めて旧制東大学生らしい恰好をして写真を撮り、卒業式にも出たのである。

◇

四月七日（木）　今日の目黒は楽しかった。まず駅からの道で若い女の先生二人と一緒になり、教員室では音楽の牛田先生と話した。そして教室では一年生、関女に比べておとなしい。しかも一クラス五〇人足らずで教えやすい。ただ三クラスに同じことを教えるのはちとつらい。しかし一年生は、大いに鍛えてやろうという気になる。別科はどうせ一年だけ。出来るだけ面白くやろう、と思う。

四月十一日（月）　曇っていたが天気予報を信頼して傘を持たずに出たら途中の電車から春雨。しかも電車はえらい混みようだった。目黒の桜は三分咲き。授業は別段の事なし。殊に一年生は従順だ。

帰りは学校の傘を借りてそろばんの富山先生と帰る。彼は家で珠算の私塾を開いていて、一九〇人の生徒を持っているよし。

四月十二日（火）　五時間の授業を終えるとかなり疲れる。帰りの池袋からの道で若葉会の坂元さんに出会い、しばらく話し込んだ。新制高校のこと、大学入試のことなどいろいろ聞いたが、今の受験生は気の毒の一語に尽きる。

◇

新制大学が全国で作られていた。どんな方法でどんな大学ができるのか。水戸高や一高は、はじめ自校だけでの大学昇格を考えたが、それは不可能なことだった。水戸高は多賀工専、茨城師範などと合併して茨城大学になる。旧制高校は皆廃校になる。旧制大学もなくなる。そこまでは確定した。が、新制大学がどんな性格の大学で、どんな入試が、何時行われるのかもわからなかった。

◇

四月十三日（水）　八時半頃家を出て、新宿地球座で「シベリヤ物語」を見る。きれいな映画だ。あのような素朴な理想主義は他国の映画にはないだろう。しかし民衆の純朴さにかなり疑いを持つ私はある物足りなさも感じた。全く宣伝臭のないソ連映画を見たいと思う。

大学では関女で教えた二人と出会った。愉快な出会いだった。三四郎池で話し合った。

四月十九日（火）　今日は晴れたら中等科の授業なしということで気をもんだが、雨は降ったりやんだり、生徒も一部は学校で、一部は上野で、と奇妙なことになっていた。校長さんは空を見上げて優柔不断。それでも三時間目から全員上野へ行くと決まって、私は帰宅。雑誌「心」四月号の安倍能成「学制改革について」を読んだ。面白かった。こういう責任を明らかにする態度は立派だ。こういうことを日本の全般に及ぼす努力が必要だ。

四月二十六日（火）　昨夜の夢は不可解な夢だった。私が巨人軍に入るの図。傑作な夢だったが、東大野球部が法政を決勝戦で破ったのだ。これは正に傑作な事実だった。

◇

新制大学の入試その他について朝日新聞が報じたのは五月十日だった。新制国立大学は議会で審議中のため開校が予定より遅れたが、大体見通しもついたので文部省では九日入学試験の日程を発表し、最後に誕生する新制大学の校名を列挙している。第一期校は東京大など計三四校、第二期校は茨城大など三三校、その計六七校が、戦後日本の新しい大学山脈を形成することになったのである。

◇

五月二十日（金）　ソ連が日本人の引揚げ再開を発表したが、捕虜全員で九五〇〇〇人だという。三〇万人ほどの食い違いがある。いずれにせよ、全く良心的でない国。ソ連を信じる観念盲者。

五月二十五日（水）　午前中はほとんど昼寝、午後は早稲田、東大決勝戦の放送を聞く。ひやひやのしどうしで、結局延長一〇回で敗れた。しかし今シーズンの東大の健闘は称賛に値する。

五月二十八日（土）　昨日午後大学に行き、大学院入学金をおさめ、メトロに入ったら長倉、安東ら水高出身の活動家連中と会う。長倉曰く「この頃は楽しくて仕方がないんです」と。また、これまでと違った新しい型を打ち出して行くと。

◇

母校水戸高校は、三年生だけの学校になっていた。三月に二七回生が卒業、同時に一年間の水戸高校生活を過ごした二九回生二四一名が「終了」の身となった。五月三十一日には、新制茨城大学が発足、水戸高校長関泰祐が学長事務取扱、兼ねて文理学部長。

◇

五月三十日（月）　昨日は午前中「軍国の青春」を書いたが、一〇時頃になると疲れて何か運動をしたくなる。かみくずをまるめてなげてみたり、Aと腕相撲をしたり。午後は細島を訪う。彼のロマンス、うぶで素直で美しく、嬉しくなってしまった。それから彼、株を力説、絶対に儲ける自信があるという。碁を三局。夕飯を御馳走になって家に帰ったのは一〇時半。

今日の目黒、三年で歌を歌い、一年生を少ししめただけの平凡な日。

◇

その日細島が語ったのは、ロマンスや株だけではなかった。彼は旧制東大文学部の入試に合格したことを母校府立九中の恩師に報告すべきだと考えて、私たち一〇回生の担任をした先生の中で、今の都立九高に残っておられる先生は、と調べた上で漢文の石本先生に手紙を書いた。が、自分の事だけでは何となく物足りない。そこで私のことにふれたというのである。「山極」は東大国文を卒業しましたが、就職先はまだ決まらないようです、と。

石本先生から返信があって、Yについて適当な口があるから連絡するように伝えてほしいとあったと細島は言った。で久しぶりに板橋の時計台のある鉄筋校舎を訪ねてみようか、と私は思いついた。そして二日後の都立九高では、石本先生と校長事務取扱の長坂先生に迎えられた。しかし今まだ事態がはっきりしないので、ということだった。新制高校の創建に意欲を見せていた第三代落合校長は、四月の半ば教育庁指導主事に転出、第四代校長はまだ決まっていなかった。

◇

六月二日（木）　進度表の書き方がお粗末だと目黒の校長に叱られた。あれで叱られなかったら、校長さんも、お人よしというところ。一年生に書取の試験をした。

六月四日（土）　昨日、教員検定願書を書いた。面倒くさくてうんざりだ。今日は午前中、小石川の東大病院で体格検査。午後は書取の採点。夕食後、弟と腕相撲。

六月七日（火）　昨日、一桜で先生への希望を書かせたら、立たせないで下さい、おしゃべりする人を叱って下さい、の二つが圧倒的。

夜、「軍国の青春」の書き換え、非常に面白かった。久しぶりで熱中した。今日はやや寝不足の気味だったが、一年生で初めて共同研究を実施した。成功したらお慰みだ。

一年生は各クラスそれぞれの個性があって愉快だ。彼女らと別れて、何で九高なんかに行けるもんか、と思うほどだ。

◇

戦争が終わって、軍隊から帰って、私はやがて過去を思い、「回顧」の筆を執った。いったい何があったのか、を思いだし、書き進めて、その回顧に「軍国の人」

という題名をつけた。その題名が、いつからか「軍国の青春」と変わったのである。

◇

六月十日（金）　連日の雨でいい加減くさる。昨日は目黒の別科で日本史を話した。滔々と。

雑誌「表現」五月号、面白い。亀井勝一郎の評論と石川悌二の風樹の章。

六月十一日（土）　大学に行った。スト係の学生の他にはあまり人もおらず、閑散としていた。教員検定の願書を出してきた。

昨日から国電のスト。今日、総司令部の中止命令。

六月十三日（月）　昨日の午後、第五小、今の千川小学校で駄弁り会。教育と人生について。あらかじめ、鈴木さん、丸山さんと打ち合わせをした故もあり、又題目が話しやすかった故もあり、割合活発だった。終わってからボール投げや籠球、久しぶりの運動だったので疲れたが、気持ちよかった。スポーツは良い。本当に良い。

今日の夕飯は、パン食が八食続いた後にやっとありついた米の飯。まだこんな不如意な生活が続いている。家の生活の味気無さ。良い音楽が始まりそうになると、父がスイッチをひねってしまう。

六月十七日（金）　大学に行き、大学院学生証を受け取り、攻究料三六〇〇円をおさめた。

斉藤としばらく話す。彼は講堂の入り口に三、四〇人の学生と共に座っていた。今、代表が南原さんと会っているんですと。その後、長倉と長い立ち話。状況非なりだと。

六月二十一日（火）　雨がびしょびしょ降っている。昨日も終日雨だった。せっかく「軍国の青春」、脂がのっているのに出かけるのは憂欝だ。どうせろくなことはない。少し目黒の若い女の先生と話してみたいのだが、全くと言っていいほど機会がない。

六月二十二日（水）　長く続いた雨が午前中に止んで、からりと晴れあがった。昼までほとんど寝た。

「軍国の青春」に欲しいものは無限の時間とエネルギーだ。

A、東大に合格した。

◇

弟Aは新制東大初めての入学試験でのはじめての合格者、入学者の一人になったのである。国会の予算審議が遅れたために新制大学の出発は大幅に遅れ、国立大学設置法が公布されて、全国に新制の国立大学六九校の設置が決まったのが五月三十一日。その日、新制東大では教養学部が設置され、駒場の旧一高の正門に「東京大学教養学部」の門札が掲げられた。新制東大の入試が行われたのは六月八日だった。雨の日だった。

入学式は七月七日、本郷の安田講堂で行われた。新入生は一八二八名。南原総長は彼らに「教養学部」創設の意味を説いた。世間には学力低下を憂うる声もあるが、人間的教養と真理探究が新しい時代と文化を建設してゆくことを期待する、と。その演述の中で南原総長は、当時の世界について、悲惨な戦争が「三度捲き起こされぬともかぎらぬ状態」（南原繁著作集第七巻）と述べ、日本の「精神状況と文化の危機」は一層深刻だと述べている。

◇

六月二八日（火）　昨日、ソ連引揚げ再開の第一船が舞鶴に入った。「マルクス・スターリンの筋金入りだ」と張り切っていて、出迎えの家族が涙ぐむのを叱咤する人もあったとか。

◇

ソ連が日本に宣戦を布告、満州への進撃をはじめたのは、昭和二十年八月八日だった。広島に原爆が落とされた、その翌々日だった。何十万の日本軍人が捕虜になり、ソ連国内に運ばれて、労働に従事させられ、やっとその帰国がはじまったのである。

◇

七月二日（土）　平市で共産党員を主とした六〇〇名が市署を占拠した事件。ついで仙台、若松、郡山、福島での事件。あわただしい雲行きだ。

政府は国鉄の整理基準を示し、いよいよ断行に乗り出した。一つの時期が迫っているようである。日本が占領下でなかったら、相当危険な事態に立ち至るべき情勢だ。

◇

国鉄当局は四日、人員整理の第一回分として三〇七〇〇名を発表、組合は団体交渉を申し入れたが、当局はこれを拒否した。

◇

七月六日（水）　下山国鉄総裁が行方不明になり、轢死体となって発見された。奇怪な事件である。ただならぬ雲行きだ。午後学校に行って成績の記入など済ませた。疲れている。一日中、雨。

◇

東大法医学教室の死体解剖鑑定の結果は、死体に生活反応がないので「死後轢断」されたもの、ということだった。とすれば、他殺である。殺人者がいる。しかし慶応の仲舘教授らは、「死後轢断」の鑑定は、法医学徒としての常識を疑う、との談話を発表、毎日新聞は自殺説をとった。警察は労組の急進分子の内偵を進めた。十三日、国鉄当局は第二回人員整理六二〇〇〇名を発表した。

◇

七月十六日（土）　またまた変な事件。三鷹駅の車庫から省線が超スピードでとび出して、車止めを突破、交番を引き倒し、人家に突入して、死者一〇名（注、実際は六名）、重傷者数名を出したという。

七月十九日（火）　新潟かどこかで、ある米人（注、イールズ）が、共産主義者は大学教授になる資格がないと講演したよし。つまり共産主義者は自由でないというのだが、いささか妙な論理だ。

いずれにしても、闘いは尖鋭化してきた。国鉄では頻々と妨害事故が起こっている。三鷹の怪事件は未解決だ。逮捕された二人の共産党員は黙秘戦術に出ている。下山事件は迷宮入りの可能性大となった。昨日は国鉄労組左派幹部の首切り。

七月二十日（水）　今日は記念すべき日。目黒の校長の招待で新橋演舞場、生まれて初めて歌舞伎を見る。絵本太閤記には大いにひきつけられ、狂言は愉快だった。夏祭浪花鑑のころは少し疲れた故か、感興が薄れたが、古典芸術の重量感はたしかにすごいものがあった。

七月二十二日（金）　昨日から中野の女子経専で教員再教育の講習。極めて雑駁、かつ断片的ながら種々新教育関連の知識は得ることができる。しかし暑い日盛りに木の椅子に六時間も座っているのはいささか耐え難い。ただ目黒の若い女の諸先生と会い、語りうるのは楽しいこと。それが救いであり、魅力である。昨日のアベとかいう青山師範の先生の青年心理学の講義は面白く参考になった。

七月二十六日（火）　一〇時、中野に行き一時間聞いて弁当。ラジオプレスに石井を訪ねたが、休暇で不在。ラ・ブリュイエールの「人間の探求」を買って帰る。

明日から大妻で専門課程。今までは割合楽しかったが、これからの五日間は憂欝だ。

七月二十七日（水）　八時大妻。本間久雄、藤村作、武田祐吉と著名人物をそろえたものだが、収穫はほとんどなし。藤村氏は二時間半の長話、武田氏の時は、ほとんど居眠りで過ごした。知った顔にだいぶあった。渡辺、保昌との三人でサボる計画を立てた。

七月二十八日（木）　早く出て三人のカードを提出、第一時間目を聞いただけで帰る。午後は昼寝、S先生と芝居を見ている夢を見た。

七月二十九日（金）　今日は講習をサボって、「軍国の青春」をかなり書いた。共信会の所で、苦心惨憺だった。このころ、「軍国の青春」に熱中して、英語も「英国史」もほったらかしになっている。

「改造」八月号の労働攻勢の問題点という座談会は面白かった。

七月三十一日（日）　昨日は午後から大妻で中島健蔵の現代文学の諸相。今日は八時から三時まで吉田精一、中島健蔵、金田一京助。

八月二日（火）　懐かしや蟬の声夏四度かな

◇

戦争が終わったのは夏だった。その後四度の夏が来て、今年初めて蟬の声を懐かしく聞いたのである。蟬取りに夢中だった仙台での少年時代をも思い出した。

◇

八月十二日（金）　今朝古橋ら六名が渡米した。私は重大な関心をいだく。彼らが大会の優勝をできるだけ多く獲得してくれることを祈りつつ。

八月十七日（水）　ロスアンゼルス全米水泳大会、一五〇〇米予選で古橋、橋爪、世界新記録樹立。特に古橋のは一八分一〇何秒というとてつもない大記録だ。嬉しくて仕方がない。

問題は一〇〇と二〇〇と四〇〇、それと八〇〇メートルリレーだ。

◇

その十七日、松川事件が起こった。午前三時九分、東北本線の松川駅近くで旅客列車の機関車が脱線転覆、乗客は無事だったが、機関士ら三人が死んだ。現場はレールの継ぎ目板が外され、枕木の犬釘が抜かれていたという。この凶悪な犯罪について、当時の私の日記は全く触れていない。

ロスアンゼルス水泳大会は十九日、日本選手団の予想以上の大活躍で終わった。特に古橋広之進は一五〇〇、八〇〇、四〇〇の自由形で世界新記録を樹立、八〇〇メートルリレーでは日本チーム四人が世界記録で優勝した。マッカーサーは二十日、日本チームの健闘をたたえる声明を発表した。

◇

九月一日（木）　昨夜はすごい暴風雨。家もだいぶ被害を受けた。今日は一桜の作文を全部見た。案外簡単だったが、しかし思い出した、思い出した、だ。

九月二日（金）　今朝から一桐の作文採点。午後は昼寝をして、それからまたちょっと頑張って完了した。

台風の被害は、昭和十三年以来の相当なものだったと。昨夜は電気がつかなくてはと、映画を見に池袋に出た。西部劇「オクラホマ・キッド」、アメリカ映画らしいくだらなさだったが、法について考えさせられた。

九月十一日（日）　今日からサンマータイム復元。ハガキを出しに行ったのと風呂に行ったのと、二度の外出だけで家にこもった。仕事が進まないので憂欝。天気が悪い故もある。何時になったらパッとした秋晴れになることやら。

九月十四日（水）　学校についたら数人、一桐の生徒が待っていた。この前先生が読んだKさんの作文はここに出ていますと。彼女は一学期の終わりころ、素晴らしい名文、しかしきわめて怪しげな作文を書いて来たので、夏休みにもう一度書いてきなさいと命じたところ、書いて来たのがその作文、これもなかなかたいしたものだったが、ぎこちない所もあったので、今度こそは自分で書いたんだろうと善意に解釈していた。授業が終わって彼女を呼んだ。初めは否定していたが、泣き出して白状した。そして「私にはお母さんがいないんです」と言った。かわいそうになって慰めてしまったが、人が良すぎたかもしれない。

九月二十五日（日） 昨夜若葉会の駄弁り会。鈴木さんの脱会宣言。あの会にとっては重大な事件である。最近の世界的重大事件は中華人民共和国の成立だ。またソ連は原爆を持っている、というトルーマン声明。私にとっての重大事件は、大学院で発表用の論文をほぼ完成したこと。

九月二十七日（火） 今日校長からも話があったが、教え方を少し変えた方がよさそうだ。特に一年生。彼女らが事実上、家庭であまり勉強できないという条件を私はおろそかにしていたようだ。要求をうんと引き下げる必要がある。

十月十一日（火） 目黒に行ったら時間割が変わっていた。火曜と金曜は一時間目から出なければならない。面白くない。邪推もしたくなる。今日の私の授業がつぶれた一菊の連中、何だ、かんだ。その軽い好意はうれしい。が、所詮行きずりの縁、私は中学校の教師になれる男ではない。

来年はどうしよう。これが問題だ。

十月十五日（土）　昨日は正八時、目黒着。午前中四時間の授業で大分腹がすいた。午後一時間やって、初めて職員会議に出てみた。まず予想した通りずるずると長く退屈だったが、運動会、遠足などの行事が問題になって多少興味をひかれ、一泊するという一年生についてゆこうか、などとも思った。

家に帰ったのが六時近く、やはり先生職と自分の仕事、就中書く仕事とは両立しない。「軍国の青春」を完成するためには、平静な生活が必要だ。

十月二十七日（木）　母を思って過ごした数日。午後、追憶を書き上げて、速達で長野に送った。

昨日買ってきた美濃部憲法を七〇ページほど読み、少し英語をやっただけで「軍国の青春」手つけず。

一日雨。もう雨はうんざりだ、連日、さんまを食っている。いくら食っても飽きない。

十一月四日（金）　目黒は運動会の予行。退屈至極。雨が降りだして、早く終わったのでほっとしたが、退屈だった。湯川博士にノーベル賞。嬉しい。

◇

日本人で最初のノーベル賞受賞者になった湯川秀樹は明治四十年東京生まれ、京都一中から三高をへて京都大學物理学科卒。中間子論で物理学賞。

◇

十一月七日（月）　昨日目黒の運動会。きれいに晴れあがった絶好の一日だったが、ぎこちなさを感じた一日でもあった。借り物競争で二人三脚に引っ張り出され、生徒と肩を組むわけにもいかず、困ったし、先生が紅白青に分かれた時も蛮声を張り上げての応援はできなかった。珍しいことに学校で夕飯が出た。

今朝は雲が広がっていて寒い。「軍国の青春」の歩みは実に遅々たるものになった。第三冊目が十二月にかかることは確実だ。しかし結局私の筆の力はこの程度なのだ。

近頃講和会議が問題になっている。来年中には、実現される可能性が強いようだ。

最近の興味は三鷹事件公判。

十一月十八日（金）　昨日、大学に行ったら、総長問題で騒いでいた。学生諸団体はすべて南原さんを推している。亀山直人氏が散々こき下ろされていた。

午後、吉村、石井と富士アイスで語る。外交官というものについて。会話ができなければ話にならないということなど。

今日は一時間目三年の授業をしただけで、あとは劇の練習を見たり、ぶらぶら。寒くなって教員室に火鉢が座った。夜は「軍国の青春」をほんの少し、停滞に陥って、煙草をだいぶ吸った。

十一月十九日（土）　目黒で生徒の劇を見る。一桐の劇でKさんの声がかれたり、Sさん、Aさんの会話がストップしたり、気が気でなかったが、まずまずだった。三年はうまかった。二年生も上出来、全体に予想以上の出来だった。

十一月二十五日（金）　昨夜西尾が来て、長谷川先生が怪我をされたという。一緒に池袋に出て酒を飲んだ。ふらふらになって、今日もやや二日酔いの気味。目黒では下品な振舞い二、三。やっぱり洗練されていない。

◇

長谷川先生は、私たち水戸高二三期文科一組（文甲）のクラス担任だった。入学から卒業まで、昭和十七年四月から二年半続けての担任だった。

明治二十四年、本郷に生まれ、京華中学から一高入学。一高文科のクラスには芥川龍之介、菊池寛、土屋文明ら後に名を成す人材がそろっていたが、先生は病気で一年遅れて東大入学。大正六年大学卒業、東京府立第三中学校の教諭になった。三中は芥川龍之介の母校。開校以来の秀才と言われた芥川の足跡は鮮やかだったという。長谷川先生は大正十年、二九歳で水戸高校の教授となり、昭和二年の七月、日本橋の丸善でゆくりなく芥川に会って、久闊を叙した。しかし芥川のやつれように先生は驚愕したが、それから二〇日ほどたった七月二十四日、芥川は田端の自宅で自殺した。三六歳。

◇

十二月一日（木）　この数日、いろんな世界に触れていろんなことを思った。水戸の文甲にいた柴田が失踪して行方不明で、本の間から遺書らしいものが発見されたとか。また会社従業員五分の一の首切り問題とか。昨夜は藤野の新家庭を訪ねて、長谷川さんの件で大筋の打ち合わせをしてきた。

◇

水戸高で同級の藤野は新婚で、新米サラリーマン。水高時代、篭球部でキャプテンもした男。長谷川先生、通称「おわんちゃん」は篭球部の顧問で、篭球部歌の作詞者でもあった。で、今回の先生の大怪我に対する篭球部の対応を聞くと共に、二三回文甲クラスとしてのお見舞いについて諮ろうと訪ねたのである。

◇

十二月十日（土）　昨日から二階にこたつをいれた。

今日午前中は少し憲法を読み、あとは日本タイムズ、大分実力が上がったこと自認できるが、目黒新任の工業大研究生の某氏によれば、今度の留学生試験は、説明も何もすべて英語で、しかも会話能力の試験がほとんどだったという。となれば道は遠しだ。

十二月二十日（火）　目黒でほとんど一日を過ごした。たき火をしながら大工さんと話したり、大久保さんに歌を習ったり、そしてボーナス八〇〇円也。想像以上の奮発をしてくれた。

十二月二十二日（木）　今水戸から帰ったところだ。

朝、上野に行ったのが九時一〇分、大学に行き、出版部によって兄部の消息を聞く。閉じこもって毎日日記を書いているよし。有斐閣で雑誌「明治大正文学研究」を買い駅に戻る。水戸着が三時頃。長谷川先生の住処に直行。非常によくなっておられた。「私ほど幸福なものはいないと思う」と言われた。そこへ伊豆山先生の奥さんがこられた。近代的な女性で、面白い打明け話。おわんちゃんの奥さんもこの頃は先生を「おわんちゃん」と呼ぶんですと。当のおわんちゃん先生曰く「もっとおしとやかな人をもらうべきだった」

と。

五時五〇分の汽車で帰る。多忙な旅の目的は、おわんちゃんに旧文一組有志から集めたお見舞い三〇〇〇円を贈ることだった。帰りにちょっと中村さんに寄ったら、研究発表をやっておけ、と言われた。

◇

中村先生は、戦後はもっぱら源氏物語を講じておられた。私たちが習ったのは大鏡、増鏡だった。戦争中は、中学でも高校でも源氏物語は縁遠かった。

旧師お二人にあったその水戸行きで、水高生には会わなかった。水戸にはまだ二百数十人の水高生がいたはずだった。二八回生である。彼らは二年生の秋から水戸に移って、焼け残った暁鐘寮にも何十人か住んでいた。長谷川先生などの今の住まいは、水高のもとグランドに建てられた官舎だったから、暁鐘寮はすぐそばだったが、当時私の知る後輩はいなかった。

長谷川先生が大怪我をされたのはその年十一月のある夜、一人で映画を見ての帰りに子供たちへの土産の焼き芋をぶら下げて市電の線路を歩いていて、枕木を踏み外して、どぶに落ち、血だらけになって家にたどりついてそのまま人事不省になった。奥さんが暁鐘寮に行って生徒の助けを求め、自動車部の小型トラックが先生を日赤病院に運んだ。水高先輩の医師によろしくと頼んで帰寮した寮生たちは仲間たちと相談、先輩あてにお見舞金を求めるハガキを五八通書き上げた。先輩からのお見舞い金は約四〇〇〇〇円になったという。

◇

私がとどけた三〇〇〇〇円は、そのほんの一部だった。

昭和二十五年（一九五〇）

一月一日（日）　雨の元旦。起きたのは八時半頃。型通りの雑煮。それからAと二人でマッカーサー元師の声明文を読む。半分ほどで疲れ切った。午後は「近代欧州政治史」読了。昼寝。夕飯はとろろ芋。腹ふくれ、静かに過ごした一日だった。長野から「母のことば」が来たのは、昨日の午前。昨夜は酒の酔いもあって、いろいろ考えたが、普段は何も考えない。だいぶばかになった。語学なんかやると堕落する。語学は若いうちにやるべきもの。

◇

私たちが「半分ほどで疲れ切った」マッカーサーの日本国民に告げた年頭の英文は、日本の新憲法が自己防衛の権利を否定したものではないことなどを説いたいささか難解な文章だった。

国際情勢は大きく移りつつあった。

◇

一月六日（金）　英語と「軍国の青春」で費やした日々。昨日は二時半頃家を出て河和氏宅での竹林コンパ。遠来の客は仙台放送局の常田。「俺の仕事は屁みたいのもの。一度放送されれば消えてしまう」と。

手紙での出席は勝山―旧姓江原。「小生自身は変わらないが、近く父親という存在に変わりそうだ」と。出席者八人の中で、芦田が高文突破、また理論的なニヒリストになったと告白したのが顕著なこと。

一月七日（土）　諸方へ賀状の返事を書いた。結局来信は関東女学校の生徒から六通、目黒の生徒から二通、友人から五通。渡辺さんのハガキによれば、林さんが帰ったと。会いたい。

◇

林さんは水戸高校ラグビー部の準先輩。一年生で留年して私たちのクラスに入ってきた。ひげ面であだ名が「ダルマ」。昭和十八年十二月のいわゆる学徒出陣で陸軍入り、戦後ソ連の捕虜になって、昨年二十四年の十月、引揚船永徳丸で帰国した。

引揚げ再開がはじまったのは、昨年六月だった。高砂丸が二〇〇〇名をのせて帰り、異様な、光景を展開した。第二次、第三次引揚船が相次いで入港したが、その光景はほとんど同様だった。帰国は二十五年四月まで間断なく続き、総数五一万人余がもどった。これで終わりだと、ソ連は発表した。

◇

二月五日（日）　午後一時、池袋駅で林さんと待ち合わせ、夜九時半まで語る。彼は落ち着いていた。渡辺さんの言ったように、確かに健康な感じ。相別れてから六年以上……そんな気はしなかった。久しぶりでいろいろ考えた。文学のこと、今後の日本のこと、そして私自身の道。

◇

水戸高校で別れてから六年余、問われるままに私はその後の日本を語ったが、それは正に激動の時代だった。母校水戸高校も今消滅の寸前である。大学も変わってしまった。彼は東大文学部に籍があって、自分では国文学科のつもりだったが、印度哲学科になったという。転科は可能だと言うが、今更四年間の大学生活ができるだろうか。私の大学生活をふりかえっても、復学を勧める気にはならなかった。彼はとにかく一日も早く仕事に就きたい、と言った。

八時間を超えて話し合ったが、彼の四年間の捕虜生活はついに話題に上らなかった。ソ連の収容所で何があったかは新聞でも昨年からの問題だったし、私には強い関心があったが、問うことがはばかられ、彼も全く触れようとしなかった。

◇

二月十九日（日）　長く日記をサボった。多忙が続いた。思い出すことを書いてみる。目黒の別科で現代用語を教えたのは十五日の火曜日。それから大学に行って若干の買い物。夜は父に頼まれた文部教官扱い用の質問書類に取り組んで一時過ぎた。目黒で雪合戦をしたのは十五日だったか。大暴れしたが、そのあとで一菊の連中が、お話をしてくれと言った。それで思いついたこと。生徒を稽古台にして話し方の練習をしてみようということ。

二月二十日（月）　大学に行ったら兄部に会った。久しぶりの出会いだった。メトロで語る。四、五回死を試みたが、ついに果たさなかったという。この頃は戯曲を書いていると。まことに彼、達人である。

二月二十二日（水）　一菊で「灰燼」を語る。あちらこちらで泣く彼女ら。純情の魂にこちらの方が悲しくなる。それにしても一つの仕事に全心全力を集中できないのはつらいことだ。この頃、心はまた教育に向いてきたが、実際訳が分からない。とにかくやりたいことは「軍国の青春」を書き上げること。社会的な地位を得ること。一度アメリカへ行くこと、などなど。

三月十日（金）　試験問題を刷りに目黒に行った。学校は休みで、専任の先生方は中学校へ勧誘廻り。留守居役の田村息子氏と話しただけ。何となくうつろな日だった。筆も進まない。出版のことなど余計なことを妄想して時間を空費、煙草ばかりふかした。

三月十二日（日）　昨日午後、石井と立川病院に滝田を見舞った。滝田は「唯物史観」という膨大な書を読んだという。

◇

入院した滝田から「大分嫌な日が続いたが、昨日表記の所に入ったら、結構ケロッとしている。閑があったら遊びに来てください」というハガキを受け取ったのは二月のある日だった。遊びに来るときには、カラマーゾフを持ってきてください、とあり、また「みんな元気にやっていることと思うが、追々、一人ひとり葉書巡礼して回ろうと思っています。伊藤と佐藤の住所ついでの折に知らせてくださいい」ともあった。

◇

三月十三日（月）　大学は新制の入試と旧制の発表で大混雑だった。Kの最終試験だったから、どこかで少し奢ってやろうと思ったが、見失った。入試は例によって悲劇が多い。嫌な時代になったものだ。

◇

末弟潔は板橋にそびえていた時計塔のある鉄筋校舎で学んだ六年間を終えて、新制東大の入試を受けたのである。鉄筋校舎のわが母校都立九中はKが入学した時はまだ中学校だったが、やがて新制高等学校になり、その名も都立九高になり、彼が卒業の時は更に都立北園高校に変わっていた。北園高校と改名したのはこの二十五年一月二十三日だったから、三月三日の卒業式までの二ヵ月足らずで、Kは新制北園高校の卒業生、出身者になったのである。

◇

三月十五日（水）　目黒では昨日今日、試験の監督。今日は帰って昼寝、食後勝山にハガキを書き、風呂に行ってきて、今机の前に座ったところ。多忙な日が続いた。勝山が送ってくれた群馬大学の入試問題には赤人と西行とを論じた面白い文章があった。私も西行のごとく人を愛せずには生きられない人間。そして自然に対して感傷する人間か。いや、それよりも私は夢見る男だ。夢は破れ、破れ、しかも夢見ることをやめられない男なのだ。

三月二十八日（火）　二十五日が目黒の卒業式。謝恩会では大いにふざけた。この頃「軍国の青春」はほとんどなおざり。そのかわり国文学の研究だ。国文学と言っても、主としてキリスト教のこと。昨日は「菊と刀」を読了、今日は内村鑑三に関する本を二冊買い、白鳥の「内村鑑三」をほとんど読了した。

無限の努力と向上を要求する学問が歴史である。努力と向上はあらゆる学問について言えるだろうが、常に資料をあさることと、観察の目を深めることを特に要求するのが歴史である。ある史観の上に胡坐をかいている者、又ニーチェのいわゆる文献学の虫は私の言う歴史家ではない。

◇

水戸高時代の友人はほとんどがそれぞれの職について多忙な生活になった中で、読書のこと、思ったことなど語りあえる友人は少なくなった。その一人が入院中の滝田だった。「先日は遠路御見舞ありがとう。カラマーゾフは面白かったです。高坂正顕が改造に歴史の予見という題目で取り扱っていた問題と別な意味で面白かった。」以下小さな字で彼は葉書を埋めていたが、そのあいた所にさらに小さな字で、次の文章が書かれていた。「また出しそこなった。一高終幕の寮歌祭の「あ、玉杯」を聞いて一時の感傷に浸りました。君は水高最後のコンパでも行っているのではないだろうか。もし行ったら、いつか聞かせてください」と。

一高の「終幕の寮歌祭」は三月二十四日だった。その日二時から最後の卒業式。一高歴代校長の杉敏介、安倍能成、天野貞祐、麻生磯次、矢内原忠雄が出席、茶話会後教職員、学生が正門前に集まり、「第一高等学校」の門札をはずし、そして終幕の寮歌祭に移ったという。二十五日の朝日新聞は、その記事を載せたが、ラジオは寮歌祭を伝えただろうか。

滝田の言う「水高最後のコンパ」は実現しなかった。卒業式は三月十五日に行われたが、関係者への呼びかけもなく、式後のコンパや写真撮影は行われたというが、盛り上がりに欠けて「ショボかった、淋しかった」と卒業生の一人は回想した。

◇

三月三十一日（金）　少し酔っている。Kが東大に受かったのだ。

◇

末弟Kは北園高校を第二回生として卒業、新制東大二年目の入試に合格したのである。北園高校「校史草案」(昭和二八年発行)の年表はこの日について「東大入学者判明。三一名。成績よし。日比谷、小石川、戸山、新宿、両国に次いで六位。」と記している。小林哲夫「東大合格高校盛衰史」によれば、一位の日比谷高は八四人合格、二位の小石川高は八二人、三位の戸山高が五一人、四位の新宿高が三七人、五位の両国高が三五人、そして六位の北園高が三一人合格である。「日比谷高校百年史」の年表には「東大入試合格者で、小石川高に一位ゆずる」とあり、多少疑問は残るが、北園高のあと七位は小山台高で二八人、八位が西高で二四人。つまり八位までを全部都立の前ナンバー中学校が占めたのである。

都立高校以外で一〇位以内に入ったのは、神奈川の湘南高校と東京教育大学付属高校の二校だけで、私立高校のトップは一七位の麻布高校で一四人合格、次が二八位の開成高校で九人の合格だった。開成はやがて全国で断トツのトップ校になる。

なお昭和二十五年の新制東大合格者約二〇〇〇人の中で、およそ三分の一は旧制高校の出身者だった。新制東大の入試の前には旧制東大最後の入試があって東大は「各学部を通じ、機能や設備の許す限り、多くの人員を採用し、その総数二千八百余名、実に開学以来の盛観」(『南原繁著作集』第7巻)となった。しかしそれでも全国の旧制高校の白線浪人はまだ多く残っていたのである。

◇

四月六日（木）　雨に明け暮れた一日。今桜が満開だが、一日ぐらい、パッとした天気がほしい。

午前中と夜、「軍国の青春」に手を入れ、午後は授業の準備。主に漢文について調べた。今度は面白い授業に努めてみたい。自分自身の勉強のやり直しもしようと思う。確実な知識がない。いい加減な「大方そうだろう」ですませてきた。とにかく今年は教師としての修養を一つの目標にするつもりだ。

四月三十日（日）　この頃節煙の試みをしている。少し太りたいと思うからだ。二十八日は目黒から大学に廻り、帰宅したのは五時頃だったが、その間一本も吸わず、夜三本吸っただけ。昨日は一日家にいて、大学院の中間報告を書いた。金曜日に大学で皆一五枚以上は書くと助手に脅かされて何とか八枚まで引き延ばしたのだ。そして煙草は確か四本。

五月一日（月）　昨日午後、久松さんを訪ねて中間報告を置いてきた。人世座で映画「激情」。一九世紀後半の英国。決斗という制度。煙草は四本（ひかり一本、バット三本）だった。少しは太ったかな。

五月三日（水）　昨日目黒の帰り、吉村と待ち合わせて吉田を見舞った。彼、家に無断でスキーに出掛けて怪我をしたという。正に呆れたボーイだ。彼の家に行くまで煙草は一本もすわなかったが、旧知相会してからはダメだった。相当すってしまった。

憲法記念日に寄せたマッカーサー声明はもっぱら共産党を攻撃。共産党は非合法化の一歩手前だ。

五月八日（月）　近頃「軍国の青春」やや快調だったが、煙草はかなり吸った。近頃の事件、東北大でイールズ博士の演説妨害。吉田首相が、東大の南原総長を「曲学阿世の徒」と罵倒。共産党は東大細胞の解散を命じた。参議院の選挙戦始まる。近頃の我、自由党を惨敗させたい思いが強くなった。政治的関心がよみがえった。

明日は目黒の遠足。ちと楽しみでキャラメルを二箱買ってきた。弁当に寿司を作ってくれた。

◇

イールズ博士はＣＩＥ（総司令部民間情報教育局）の顧問。前年二十四年の七月、新潟大学で共産主義教授を追放すべしとの講演をした後、各地の大学を回っていたが、この五月二日、東北大学で講演会が開かれる予定になっていた会場に学生がおしかけ、講演会を妨害、数名の学生が逮捕された。

そのころ南原総長は積極的だった。三月の卒業式では講和問題をとりあげた。「わが国の政府並びに一部の間に、昨年秋以来唱えられてきた単独講和説ぐらい、速断的なものはあるまい」。

「二〇世紀後半の歴史的課題は、共産主義と自由民主主義との二つの世界をめぐって、戦争か平和かの二者択一に凝集されている」。

「原子爆弾や水素爆弾の近代科学の粋を集めた世界の次の総力戦は、おそらく有史以来の大戦、全人類の運命を賭けてのものと想像せられる。この人類滅亡の淵の前に、平和の石垣を築き、その破れ口に立って、全人類を滅亡より防ぐ者は誰か。それこそ一切の武器を捨て、戦争を否定し、平和を悲願とした、わが新日本国民自身ではないのか」と。

◇

五月二十九日（月）　昨日の午後、石井家で勝山と三人、いろいろ語った。勝山（旧姓、江原）とは彼の結婚以来初めてで、楽しかったが、煙草を一〇本近く吸ってしまっ

た。その為か今日は疲れて、午前中はほとんど寝た。午後は千川の向こうまで散歩に出
た。ずいぶん歩いた。ほんのちょっぴり英語を読み、二年生の宿題を調べただけでぶらぶ
ら過ごした。
「軍国の青春」もこの数日怠った。時々いろいろ考えはする。とにかく発表が難問だ。
文才があったら、目黒の学校を取り上げて、第二の「坊ちゃん」を書くこともできそう
だ。校長は自由党の某を推している。森という古参教師、長年の教師経験を誇り、何にで
も口を出す男だが、皆の前で「私は妻にも親戚にも、某に投票するようにちゃんと申して
おきました」だと。えい、くそくらえだ。馬鹿者。

六月三日（土）　皇居前広場で開かれた人民大会で米兵が暴行を受けたという事件。共
産党では挑発と言っているが、八人が逮捕され、直ちに裁判が開かれ、今日の午後求刑が
あった。今日はいわゆる六・三デモが行われるはずだったが、日比谷は警官が固めて、正
に蟻も入れずと言った様子だった。

「アカハタ」で安東仁兵衛攻撃さる。悪辣なトロッキストだと。彼純情な好漢も、つい
に狂暴なる政治渦中の人。

目黒は昨日から中間試験。教室にはいって驚いたのは、みな新しい制服で、新鮮な美し

さに満ちていたこと。昨日も今日も試験終了後、諸先生とピンポン。その場で島田先生から聞いたこと。高一菊の数人が、文学部を作りたがっている、ということ。その指導教官に私を望んでいるということ。ただ手続きが面倒なので、どうなるかわからない、と。

六月五日（月）　昨日参院選挙と首都建設法の住民投票。参院は自由党が断然優勢。社会党の復活ぶりも目覚ましい。共産党は低調、民主、緑風会も不振。

結果はあまり思わしくない。吉田首相は、共産党の非合法化を考慮していると言った。着々その手続きが進んでいるようだ。

◇

共産党が躍進した総選挙は、昨二十四年の一月だった。四六六議席のうちの三五議席を獲得した。それから一年半後の参議院選挙だったが、新議席二五〇のうち共産党は二議席だけ。地方区では完敗した。

◇

六月七日（水）　昨日は午前中試験、午後生徒たちとインドアで愉快な時間、三時で打ち切って、それから先生たちとピンポン、四時半まで。さすがにくたんくたんになった、帰りの電車で新聞をのぞきこんだら大ニュース。マッカーサーが共産党中央委員二〇数名の公職追放を命令したと。

A、おやじと激論をしたらしい。五月三十日の日比谷のデモに参加したことがばれて、万一妙なことになったら社会的に顔が立たぬから、自治委員をやめろと言われたよし。Aによると五・三〇は完全に向こうのたくらみで、労働者のことは知らず、立教の学生は全くの無実の罪だと。憂欝になるばかり。夜も目がさえて眠れなかった。

今日の昼休み、文学部を作りたいという生徒が集まった。少し人数が多すぎるようだが、とにかくやってみよう。

◇

そろばんを特色にした目黒のもと女子商業高にとって、文学部というのはちょっと異質な活動だったのだろう。九日の金曜日には田村校長が私の授業を見に来た。時間の終わりまでいて、あとで「先生はなかなか授業がうまいね」とほめてくれた。初めてのことだった。

六月の半ばから、私の日記帳は雑文帳と化している。その一部を抜いてみよう。

◇

●

「おはようございます」中学三年ぐらいの生徒が三人、私を追い越して行く。「おはようございます」と私は三人の後ろ姿に答える。今度新しくできた制服に身を包んだ彼女たちは、楽しげにおしゃべりをしながら足取り軽く私を離して行く。私は何時もはかなり速足だが、今日はまたえらくゆっくり歩いている。ちょっと早く来すぎたのだ。ふと五〇メートルほど先にS先生を見つけて足を速めた。ところが先ほどの三人がS先生に五メートルほどの所で顔を見合わせて足をゆるめた。S先生を追い抜くのをためらっている様子だ。どうしてだろう。S先生は、生徒に憚られるような人ではない。美しくて明るい若い女性である。不思議に思いながら距離を詰める。三人の生徒を間に挟んで、距離が詰まる。「おはようございます」と私の挨拶にS先生が答えた途端、例の三人も「おはようございます」と言い捨てて、さっと私たちを追い抜いて、飛ぶように離れて行く。

●職員室に先生方はまだ四五人。時計を見れば予鈴まで五分。授業が始まるまで一〇分ある。やれやれ、早すぎたワイと私は煙草を取り出す。もう少しゆっくり来れば、この一本は吸わないで済む。私は以前から節煙を心掛けている。少し太りたいと思ったからだ。しかし一〇分もあるのではまことにやむを得ない。第一、節煙をしてもさっぱり体重が増えないので、近頃あまり節煙の意義を重要視していない。従って熱意が乏しい。一〇分間の禁欲が困難なゆえんである。

●Aさんは中学三年生である。彼女は宝塚の少女歌劇を憧れている。家でも熱心で、やれ舞踊、やれ音楽と一生懸命である。その為に時間をとられて学業は振るわない。学校を休むこともしばしばである。見かねた担任の先生がお母さんを呼び出して答案を見せた。するとお母さんの曰く「はあ、これではファン・レターの御返事が書けませんわね」と。

◇

こんな雑文が大学ノートに十数ページも書いてあるが、二週間ほどで旧に復し、普通の日記の形になっている。大事件勃発のためだったろう。

◇

六月二十六日（月）　今日は月曜だが、文学部の会合があるというので、午後目黒に行った。集まったのはわずか七人。大した期待はできないが、できるだけのことはしてやりたい。

ヘッセの「郷愁」には感嘆した。再読を始めている。「軍国の青春」など問題にならない。学ぶことだ。来年結婚するなど論外だ。何しろまだ当分勉強をしなければならぬ。

北鮮軍、三八度線を越えて南鮮に侵入、戦端が開かれた。面倒くさいことになりにけりだ。昨夜は弟たちと陰欝な思いで語り合ったが、どうともなれだ。いざとなるまでは図々しく生きてゆく。不安憂慮にも飽きてしまった。

◇

その日、北鮮軍の攻撃が全面的であり、計画的であり、かつ強力であることが明らかになった。株式市場は活況を呈した。マッカーサーは日共の「アカハタ」に三〇日間の休刊を命じた。二十七日、「京城ついに陥落」の号外が出た。

東大生だった二人の弟AとKは、激しい学生運動のしぶきを浴びていた。

◇

六月二十九日（木）　アメリカは韓国に実力援助を始めた。トルーマンが台湾を守ることを命じ、中共は台湾進攻を宣言した。中共ならびに北鮮の行動がソ連の同意なしに行われたとは信じられないが、しかし原爆、水爆の投げ合いが予想される世界戦争はまさか、と、どうしても思わざるを得ないのは、例によって例のごとき私の楽観主義だろうか。

いま中共の北京放送が入っている。「帝国主義ギャング・トルーマン」「最後の勝利は我々にある」と。

安東仁兵衛らに処分。

◇

東大当局は、全学連の非合法活動に対して、その日幹部数人を処分したが、退学処分を受けたのは安東一人だけだった。戦後の東大退学の第一号だった。

その夏休みの八月にわが家の引っ越しがあった。千早町の小さな家から、高松町の庭と電話のあるちょっと大きな家に越したのである。私は仙台で生まれ、昭和八年、小学校二年の秋に上京して、豊島区長崎の家に住んだが、その後、千早町の家までに、椎名町などに三軒ほど引っ越して、千早町の家以外は、米機の空爆で焼けたのである。高松に越して駅まではちょっと遠くなった。

また地域との関係がうすれた。私の場合は若葉会とのつながりがなくなった。

◇

九月三日（日）　ジェーン台風が荒れている。ここも相当な風だ。一日から十月の大学院研究発表会の準備のため、あれこれ読み散らし、少しずつ整理をしている。題目は「キリスト教と日本近代文学」、なかなか面白く、進捗ぶりはすごいくらいだ。今日は二葉亭の諸作品。其面影が非常に面白かった。昨日はツアラツストラ。全集の第一冊で、訳はあまり感心しないが、さすがニーチェの総決算だ。

九月六日（水）　昨日目黒で二学期最初の授業三時間。終わって大学、吉村、高城と三人、パラダイスで話す。米ソ関係に解決策があるか。スターリンとトルーマンがあって話し合うこと。人類は、もうその程度賢くなっても良いのではないか、など。

別れて神田に出て、河和法律事務所を訪ね、諸氏に会う。それから吉田家。ビールと寿司の夕食で愉快なひと時。泊まって行けと言われて、すぐ応じたのは今度の家に電話があるため。吉村も来て、写真を見たり、社会情勢を憂えたりして夜をふかし、吉田が寝た後、「軍国の青春」のことなど吉村と今朝の五時頃まで語った。そして今日は朝飯抜きの授業四時間。

◇

吉村、吉田、高城は水戸高で私の二年後輩、二五回の文科一組卒。二五回文科は、昭和十九年、一組も二組もわずか一五人ずつで出発した戦時中の特別なクラスだった。

◇

九月十三日（水）　心配していた台風は西にそれた。九日ころから大騒ぎされながらのんびりやってきて、予想外の方向にそれて、全く気まぐれな御嬢さん。目黒では連日の宿題調べ、そして野球とピンポン。最近の新聞で興味を持つのは獅子文六の「自由学校」

だ。昨日までは台風の行方だったが。

朝鮮事変はもう飽きた。国文学の研究も飽きてきた。昨夜はまた著作。今日もこれから少し書く。

◇

北朝鮮（朝鮮民主主義人民共和国）の最高司令官金日成は、解放記念日の八月十五日、「アメリカ軍と李承晩の敗残部隊は、わが共和国の南半部地域の約八％を維持しているに過ぎない」と宣言した。

彼がソ連の援助などで周到な準備を整え、三八度線をこえて南鮮、（大韓民国）に攻め込んだのは六月二十五日だった。南鮮の首都ソウルは二十七日に陥落し、韓国軍は逃走した。国連の安保理事会は七月七日、ソ連欠席の中でマッカーサーを最高司令官とする国連軍の組織を決議した。マッカーサーは八日、吉田首相あての書簡で警察予備隊七五〇〇〇名の創設と海上警備力の増強を指令した。その上で戦略家の彼は朝鮮の戦況を逆転させる。多くの疑問、反対の声を押し切って敢行したアメリカ軍の仁川上陸作戦は九月十五日だった。

◇

九月二十六日（火）　近頃はスランプだ。今宵は酒が飲みたくて、実は帰路池袋ではじめて黒ビールというやつを飲んできたのだが、夕飯後またもむずむずして、やっとの思いで一五円の梨一個でごまかしたところ。原因は「回顧」が挫折したままになっていること。赤追放問題。今日は梅原が懲役二年をくらったと聞いた。そんなこんなのこと。子供たちとバレーや野球をやっているのは無上楽だ。しかし未来。このまま教員として後の人生を送ろうと思ったら七〇〇〇円だぞ。馬鹿な校長の下で教師はやれない。うかうかしていたら追放だ。馬鹿な奴が威張っている。そして政治の暴力だ。

数日前からえらく涼しくなった。昨日から背広を着た。昨日今日は少し暑いくらいだったが、とにかく秋だ。今夜は明月、ちょっと顔を出した程度のあまりぱっとしないお月見だが、まさしく秋。それなのに何という気分だろう。

九月二十八日（木）　昨日からのどがいたんで風邪気味、スランプの真因は季候の激変による体の変調にあったのかもしれない。少し休んでゆっくりしたくなった。目黒で給料五〇〇円増してくれた。

十月二日（月）　この数日、父は気が気でないらしい。先週から新制東大で試験ボイコットをやっている。Aがそれに加わっている。Kもピケに入ったり、他校に行ったりしているのだが、父はそれは知らないようだ。今日は下で夕飯の後、父がまたしきりにAをつついているので、つい口を出した。しかし運動そのものは、そろそろ行き過ぎの感じだ。

朝鮮では韓国軍が三八度線を突破した。毎日の夕刊には、中共介入の兆と出ていたが、冗談じゃない。いたるところ良識が欠けている。アメリカはまたお得意の無条件降伏要求。彼らは第二次大戦で味を占めて驕り過ぎている。

今日の放課後は文学部。雑談をした。メンバー、ほぼ固まったよう。

◇

朝鮮戦争の勃発は、マッカーサーのレッド・パージを強めた。そしてこの時レッド・パージ阻止の闘争をになったのは学生達だった。新生東大では、九月二十九日から十月五日までの予定だった期末試験ボイコット闘争が実行された。

駒場の学生自治会委員会で委員長になった大野明男が試験ボイコットを提案したのは九月二十一日。絶対反対の演説もあったが、賛成五九票、反対四票、保留一〇票で可決。その夜の駒場寮寮生大会でボイコット決議。二十五日代議員大会。二十六日から全学投票。二十八日、約一〇〇〇人の学生の前で開票が行われた。

賛成一八八三票、反対一〇七五票、無効一二七票で史上はじめての試験ボイコットが可決された。

そして二十九日早朝から大野闘争委員長の指揮で、駒場寮生を主力とするボイコット闘争が始まった。初日の試験受験者は学生の約一割程度。矢内原忠雄学部長は、試験実施の先頭に立ち、三十日は警官の出動を要請したが、ついに試験中止を決断した。その辺の事の詳細は高橋健而老『回想の東大駒場寮』による。

十月一日、文部大臣天野貞祐は、激越な口調で東大生を非難した。試験ボイコット闘争の最終日十月五日は、都学連のゼネストの日で、二〇校ほどが参加の態勢を組んでいた。そしてその日、本郷の東大でレッド・パージ粉砕全都学生決起大会が開かれた。出動した本富士署の署長と学生代表安東仁兵衛が交渉している間に東大に結集した学生は四〇〇〇名。都内での街頭デモは禁ぜられていたので、構内で整然たるデモを行い、四時半、大会を終了した。

新制東大の大学当局は、十月十二日から再試験を行うと決めていた。矢内原教養学部長は、大学の方針や態度を学生に周知させる方法を講ずるべきだとして後援会にはかって教養学部報を発行した。大野ら学生自治会の活動家は、再試験もボイコットだ、と代議員大会に提案、可決を勝ち取り、学生大会を開いた。しかし学生大会では提案賛成二三八票、反対四二八票で再試験ボイコットは否決された。

◇

十月十四日(土)　昨日から秋晴れの素晴らしい天気。午前中家を出て、本郷の福村書店。笹淵氏の住所を聞く。それから大学。レッド・パージ問題、処分問題に関する抗議文。赤と黒のごたごたした荒っぽい文章は読む気もしない。

一万有余の追放解除でいわゆる大物の返り咲き。

もう一二時近いが、Aが帰ってこない。

◇

新制東大で十三日からの再試験は平穏に行われた。スト責任者の処分が、十九日に発表された。退学は大野明男ら一〇名、無期停学が三名だった。

◇

十月二十日(金)　目黒は創立記念日で休み。昨日は午後高一の連中とバレーの試合をして楽しかった。一昨日、笹淵氏から返事。明日の午後お訪ねすることにした。

◇

笹淵友一著『北村透谷』が福村書店から出たのは七月だった。私はその書によって、キリスト教と日本近代文学という問題に取り組んでいる学者がいることを知って先生に手紙を出した。笹淵先生からの返書には「近代文学とキリスト教との関連についてはこれまで関心を持つ人が少なかったことを遺憾に思っていましたので、一人でも多く同志の人をうることはなによりもうれしく序じます」とあった。

三鷹町役場近くの笹淵先生宅を訪ねたのは土曜日の午後だった。先生は、プロテスタント史研究会に出ることを勧めてくれた。

◇

十月二十四日(火)　昨日目黒の放課後、文学部で読書会、「出家と其弟子」。生徒の発言ほとんどなく、講義みたいなものだったが、終わって雑談に移ってからは学校への不満やら何やら、私もいい気になって校長の悪口などしゃべったが、いくらか気が咎める。ともかく去るべき時は来たという感じだ。少し深入りしすぎた。

大学から研究発表会の通知が来た。今度の土曜日だ。ごまかしならできぬこともないが、目黒で卓球、バレーの試合がある。この方が魅力的。昨日月給をもらったが、今度も五〇〇〇円。大したものだ。

十月二十九日（日）　多忙な一週間だった。木曜日、大学に行ったら、発表会には吉田精一氏も来る予定と聞いて、ぎょっとして、遅くまでいわゆる研究をした。金曜日は目黒で放課後バレーのクラス対抗試合。中二の熱狂ぶりはすさまじい。桐菊の熱戦は菊の勝利に終わったが、採点法がおかしかったとかで大騒動になり、涙顔の桐の生徒の不穏な動き、喧嘩が始まる中に入ってなだめるのに一苦労だった。早く帰って発表会の準備をせねば、と思っていたのに放免されたのが五時、おまけにくたくた。しかし土曜日は久松さんも吉田氏も現れず、来たのは学生だけ。図々しい私のこととて、おんにょこ、にょこと誤魔化してしまった。終わって高城と人世座で映画「緑の学園」。規律と鞭の教育に対して、生徒一人一人の宝に目覚めさせるという新教育法を実施する先生の物語。

十一月五日（日）　昨日の午後、富士見町教会。プロテスタント史研究会の例会で吉田常吉氏のベッテルハイムについて。得る所はほとんどなかったが、研究グループの雰囲気に触れたことは収穫だった。小沢三郎氏「国文研究室の方でしょう。この前発表をなさったでしょう」と言われて驚いた。笹淵さんから伝わったわけだが、こうなるとあまりインチキなこともやっておれない。

中共軍が北鮮軍に若干の援軍を送っていること、ほぼ確実らしい。悪い傾向だ。ソ連の外相やマリク代表が微笑を浮かべたというようなニュースが伝えられているが、実際の情勢が問題だ。なお中共軍は先日来、チベットに侵入している。

地図を眺めた。確かに福地の言ったように、日本は赤化の運命にあるような気もする。いざという時には命を賭してヒロイスティックな行動に出ようか、とも考えた。戦争になったら、所詮自由な個人生活を維持することはできないんだし。

◇

「日本プロテスタント史研究会」は、生まれたばかりのささやかな研究会だった。出席者は一〇人そこそこだったが、そこには植村正久の遺風が残っていた。中心の小沢三郎氏は早稲田を出た若い誠実な研究者で、優れた世話人だった。日本プロテスタント史の研究が、ようやくその緒についた頃だった。その十一月には隅谷三喜男の「近代日本の形成とキリスト教」が新教出版社から出た。

◇

十一月九日（木）　火曜日に兄部から電話があって、学生服を貸してくれという。入社試験を受ける為だと。私に学生服などあるはずがない。吉田に電話したが、彼もダメ。国史の研究室にかけて、細島と連絡がついた。大学に行って細島と会い、兄部の事頼んで帰宅。

水曜日、高一桐で万葉集。額田王を中心に一時間つぶした。その前夜、いろいろ調べて興味深い時間を過ごし、張り切って講義をしたのは、文学部の会合の折のAさんたちの要望、文学作品をやる時はまず先生からその作品について話をしてほしいという声にこたえるのが主な動機だったが、これからも続けていきたい。

中二桐のSさん「反省です」と渡してくれた紙片、先日のバレー試合の騒ぎを反省した一文。純真な魂を嬉しく思った。二菊は火曜日に宿題の事でかなりきつく叱ったせいか、昨日の授業は珍しく静かだった。二つのクラスの空気がかなり違ってきた。

十一月十二日（日）　昨日、一一時頃家を出て大学。坪井さんから私の研究ノートを返してもらうつもりだったのだが、もう一週間待ってほしいと頼まれて後日を約す。彼女、都立の専任を務めているそうだが、とても研究どころではなく、弱っているよし。現場の声を聞けば恐ろしくなる。

村田と会って、二人池袋で飲む。大いに論ず。また暴れん坊の酔漢をなだめたり、二人のインテリと啄木を歌ったり、大いに楽しんで村田と別れ、スミレに寄ったら、旧若葉会の鈴木さん、島田さん、丸山さんがいた。したたか酔って家に帰るやすぐ眠った。今朝起きてみたら服を着たままだった。そこで昨夜のことを考えたが、スミレに寄ってからのことは全然わからない。はて、待てよ、傘は持って帰ったかな、と心配になって調べると無い。朝飯後スミレに行ったら無い。村田と飲んだ三福に行ったら、感激、わが傘があった。

十一月十四日（火）　割合早く帰って今までタイムズを読んだが、どうも気が散ってダメだ。目黒の事がこびりついている。中二でスポーツについていろいろな話をしたが、言い足りなかったような気もするし、少しうるさく言い過ぎた気もする。とにかく講師としての分限を超えてしまった。適当なところで抑制しなければ、と思うのだが、二年近く親しんでいると、お節介をしたくなるし、S先生あたりから頼まれたりして。

文学部の日記に「毎日鬱々としている」と書いてあるのはAさんだろう。

◇

文学部ができたのは六月だった。私は文学部の日記帳のために大学ノートを買い、まず一文を記した。

「図書室で文学部会合。生まれたばかりのささやかな文学部ではあるが、求めたい、向上したいと願うみんなの気持ちが既に一つの雰囲気を作り得ているように感じ嬉しかった。何よりも大事なのは意志である。以上への意志、そしてたゆまざる精進こそ成長への力である。

まず本を読むこと、そしてお互いに語り合うこと。この日記もみんなで語り合うために、又お互いの会話をより良きものにするために、怠らず記して行きたい。字が下手だとか、文章が下手だとか、そんな心配は無用……。(後略)」

夏休になるしばらく前、私に返ってきた日記帳を見て気付いたことは、部員の文章に全く署名がないことだった。初めは仕方がないか、と私は思い、そんなことを書いて、また二学期には倉田百三の「出家と其弟子」か、ジードの「狭き門」の読書会をやってみたいなどと書き加えて、生徒に回した。そしてその日記帳を一学期最後の日に預かった私が、何と夏休みが終わって二学期になっても忘れていた。「なんという怠慢」と私が自己批判を書いて部員生徒に渡したのは十月六日だった。

◇

十一月十六日(木)　廊下に椅子を出して英語をやったり、本を読んだりしていて、家の前を彷徨する怪しげな男に気が付いた。木刀をわきに置いて寝た。しかし金はなく、若い男が四人もいるという家の事情を探知できる用心深い泥さんなら、ちょっとこの家には入れないだろう。

十一月十七日（金）　中二に作文を書かせた。「秋」か「思うこと」。考えてみれば、彼女たち、一年入学以来の進歩は著しい。私の目が甘くなったせいもあるが面白い作文が多い。ピンポンをして帰る。

十一月二十日（月）　文学部の会合で「きけわだつみの声」を読んだ。先週は岩田潔の本で俳句を読んだ。昨日午前中に北園高校の同窓会に出た。一〇回の仲間は細島、茂木ら数人だけでがっかり、すぐ帰り、池袋で八〇円の五目そばを食った。財政窮乏下の贅沢だった。

十一月二十五日（土）　寒い。どんより曇って、降ってきそうな空模様だ。朝からつい今しがたまで、つまり午後三時頃までふとんにもぐって、はじめちょっとタイムズを、それからトルストイの「芸術とはどういうものか」を読了した。

十一月三十日（木）　中共軍二〇万が結氷した鴨緑江を渡って南下したよし。マッカーサーは新たなる戦争といった。クリスマスまでに片を付けようと開始した彼の総攻撃は完全に挫折したわけ。まことに憂鬱な情勢と言わねばならない。ニッポンタイムズを読んでいても気分が重苦しくて、さっぱり能率が上がらない。アメリカが本格的な中共戦に引きずり込まれたら、日本の再武装はまず必然の成り行きと見ねばなるまい。軍隊生活の再現、想像するだに慄然とする。祖国は守りたくないこともない。自由も然りだ。しかし私に与えられている祖国も自由も、実に大したものでない。

全く何という惨めな生活だろう。哀れな、淡い希望をたよりに面白くもない毎日が過ぎる。

週刊朝日に衆議院文部委員会における南原総長対委員会の論戦がのっていた。自由党の連中の驚くべき愚昧さ。彼らが日本の権力である。ああの一語のみ。

◇

その十一月三十日、アメリカのトルーマン大統領は、原爆の使用は現地司令官の決定いかんにかかっていると言明した。昭和二十年、広島への原爆投下を命令し、更に長崎にも原爆を落とした男がトルーマンだった。彼は朝鮮戦争の成り行きをどうみていたのだろうか。現地司令官マッカーサー元帥の仁川上陸作戦は大成功。敗走する北鮮軍を追って三八度線を越えた米第八軍に元帥は中共軍に対する攻撃を命じたが、林彪がひきいた中共義勇軍は大兵力で、今度は米軍が「アメリカ陸軍史上最大の敗北」を喫して、三八度線の南に後退したのである。マッカーサーは、勝利のためには中国を破壊しなければ、と考えていた。

イギリスのアトリー首相は、原爆の使用には事前の承諾が必要だと言明してフランスと協議、十二月四日ワシントンに飛んで、トルーマンと会談した。

◇

十二月七日（木）　明日は本考査の問題を作らねばならない。

トルーマン、アトリー会談の結果は如何？　中共軍は三八度線に迫りつつある。

◇

国連ではインド代表が朝鮮での休戦の調査のためイラン、カナダ、印度の三国代表で三人委員会を設立する案を十二日、提出した。

トルーマンは十六日国家緊急事態宣言を行った。

◇

十二月十七日（日）　昨夜はこたつで高一の試験採点、二学期の総合点を出した。そして一一時頃ふとんにもぐりこんだが、採点で呼びさまされた数への興味や今後の授業計画など、いろいろ思い浮かんでなかなか眠れなかった。

夜中は雨だった。夢うつつに雷を聞いた。何事か、と起き上って、耳を澄ましたような記憶がある。

今朝は九時半頃朝食、岩手の守人さんの送ってくれた餅を食って腹いっぱい。タイムズに載っていたトルーマンの非常事態宣言を一読、二時半まで眠って昼食はパン一切れとミルク二杯。

妙に暖かな日だ。日記を書かずに一〇日が過ぎた。この間日本語の本をだいぶ読んで、学問の道への基礎工事がだいぶ進んだ。レイン「親と教師に語る」アレクサンダー「理性なき現代」トルストイ「光ある中に光の中を歩め」隅谷三喜男「近代日本の形成とキリスト教」。そのほか波多野勤子「少年期　母と子の記録」にも心打たれた。

十二月十九日（火）　九時半頃家を出て池袋で映画「女左膳」、これは予期通り下らなかったが、付録の「新佐渡情話」はこたえた。そして日本ニュース、大同江を渡って南下する北鮮平壌の市民、彼らの足元には割れた氷が……ぞっとする光景だった。

大学では諸氏にあった。安東仁兵衛は自活して遊弋中だと。淵野は毎日がやりきれないとこぼす。黒崎がレッドパージで関配をやめたとか。帰路考えていたこと。安全のために都落ちをすべきかと。

中共は三人委員会との交渉を拒否した。情勢は悪化の一途だ。

十二月二十一日（木）　石井を訪う。アメリカのつたなさ。観念的理想主義と力への過信。彼らは駆け引きを知らない。とにかく朝鮮は完全な失敗だ。宣伝戦で今までの情勢を覆す絶好の機会だったのに。

五反田劇場で映画「暁の脱走」と「また逢う日まで」、いずれも反戦映画。日本映画の感傷性など、複雑な感想をもった。

◇

二十四日の朝日新聞は一面トップに「ウォーカー中将戦死」の記事を掲げた。米第八軍の司令官ウォーカー中将が前線に行く途中、乗っていたジープの衝突事故で死亡したという。「すぐれた司令官」だったというマッカーサーの声明と「豪快、闘志満々の将軍」だったという記事も載っていた。そして「後任リッジウェイ中将」の記事もあるが、戦争そのものについては、中共軍が大兵力を集結して三八度線に迫っていることをつつましく報じている。

韓国の大統領李承晩が、政府、市民にソウルからの避難を命じたのは、二十四日の夜であった。

◇

十二月二十九日（金）　いまこたつの中でツワイクの「トルストイ」を読了した。私は過去が私に課した病的野心を捨てなければならない、と思った。本性ではないものを。日記を書かずに多くの日々が過ぎ去った。思い出すのも困難だが、二十三日は目黒。ボーナスは一五〇〇円。職員室で炭火を囲んでの雑談は国際危機をめぐって。二十五日は大学で細島と話した。二十七日は石井のラジオプレス。Kが来ていた。彼は都立の定時制で教えていて教え子に恋をし、戦争の可能性を心配して石井を訪ねたのだと。

十二月三十日（土）　来年四月、都立に行きたい気持が強まった。放浪者は学者にはなれぬ。また学者になるには金が要る。そんなこんなに思い悩むことはやめて、平凡な、並みの生活で落ち着きたくなったのだ。余計な野心を抑えて、日常的な情熱を大切にしよう。日記を書こう。続けよう。そして少しずつ実力を養おう。

正月は何はともあれ祝おうや

昭和二十六年（一九五一）

一月四日（木）　うららかな好天が続く。同時にパッとしない毎日が続く。夜、豊島園そばの伊藤家を訪うてコンパの打ち合わせ。

韓国ソウルの国連軍撤退。正月だというのに市民はたまったもんじゃない。今年は一体どうなることか他人事とも思えない。退屈な正月をかこつなど贅沢な話だ。

一月九日（火）　日曜日に兄部が来て、話し合ってはっきりしたこと、まとめておきたいが暇がない。日本の問題は諸国との交流がなかったこと。それが低迷、あるいは固定化をもたらした。人のうわさがうるさい密度のある社会ができてしまった。

八日が目黒の始業式。終わってラジオプレスにまわり石井と東京駅でミルクを飲みつつ語る。今日の目黒は三時間目から。まだ調子が出ず、のどが痛くなった。文学部の初会合。出席は四人だけだったが、感心な生徒たちだ。三〇分ほど雑談をした。

夜はちょっと英語を読み、高一の予習をしたらもう一〇時。やっぱり容易なことではないが、こんな予習も得る所乏しくはない。少し読んだミル自伝、実に面白かった。

一月二十五日（木）　忙しい日が続く。だいぶくたびれて、午前中は眠った。二十一日の日曜日は豊島園の伊藤家で竹林コンパ。伊藤、石井、田岡、常田、河和と小生の六人、うまい酒を十分飲んだ。二十二日は目黒、文学部で火を囲んで「ソクラテスの弁明」についての話。二十三日は都庁に教員免許状をもらいにゆき、拓銀で佐藤に会って帰る。ある日見た風景。酔っぱらった労働者風の男が何か怒鳴りながら夕暮れの街を歩いてゆく。その背中をしっかりつかんで、小さな女の子がついて行く。

学校では、都立志願の子のお母さんに男女共学の欠点を力説する校長。彼は近ごろ生徒募集に大童で、不在がち。そのため職員室の気分が大変良い。

◇

都立高校は男女共学に転換していた。都立四高（戸山）の場合、昭和二十四年四月、女子がはじめて三名入学した。九高（北園）には女子二六名が入学した。二十五年四月の一高（日比谷）の新入生は男子三一二名で女子九〇名。女子系の旧高等女学校には少数ながら男子が入った。初めての共学は当然さまざまな問題も生んだのだろう。

◇

二月十五日（木）　昨日、目黒についてから雪が降りだし、夜は吹雪。今朝起きてみたら何と部屋の中に雪が積もっていた。電車も止まったよし。私は学校がないので寝ていたが、Aは池袋から戻ってきたし、Tは学校まで歩いて行ったと。

この頃頭にあるのは就職のこと。親父のことばに従ってもうしばらく大学との縁はつないでおくつもりだが、この一年は苦労しなければなるまいな。教えるのも大変だし、論文も書かなければならないし、英語、ああとにかく忙しいぞ。体も何とかしないといかん。今みたいにすぐ疲れるのでは心細い。この前、風呂屋で体重を計ったら四五キロ、これじゃあエネルギーの保有量も少ないわけ。しかし食えば腹がおかしくなるし、運動をすれば頭が鈍るし、煙草はちょっとやめられないし。

◇

二月二十日午後、竹林洞仲間の田岡達雄が急逝した。実業界を志す、都会的な、世話好きな男だった。葬儀は深川の増林寺でおこなわれた。

◇

【三月三日付　前橋の勝山からのハガキ】

前略　君も出ませんか、実は近代文学研究会というのが出来たのです。（美人らしいものが二、三人いました。）若し会員になるのでしたら、河出書房内に事ム所がありますから、是非よって下さい。これはお互に嬉しいことです。それからこれは、頼みたいことが二つあるのですが、どんなものでしょうか。

一つは嘉村礒多、牧野信一、梶井基次郎、葛西善蔵など私小説作家の全集をさがして知らせて戴けませんか、（値段と発行社）お願いします。それからもう一つは妹の結婚（上滝の家）のいゝ相手はありませんかね。君になどとはおこがましくてね。笑わせると言われるしね。何はともあれ遊びにきて下さい。東京という所は精神衛生によくない所です。外交官になるなどとは不届きな話で、これも場所の為です。では又いずれ。田岡痛恨の至り。

◇

その頃、外交官になろうと思ったこともあったのである。

◇

三月二十四日（土）　一〇時から目黒の卒業式。午後慰労会。酒が出たのは初めてだった。

三月二十六日（月）　目黒は一〇時半頃から中三の送別会。余興が豊富で、とくに西洋舞踏には達人が数人。菓子はごくつつましかったが、ほのぼの楽しい会だった。私は滝田の「大江山の鬼退治」をまねて、即興のいい加減な一人劇を演じたが、皆を喜ばせることはできた。

先日Mさん話していたが彼女は富山の女子師範で、先生がどこに行ってもすぐ生徒に知られるという厳しい制約の中で、余興など覚える機会にはほとんど恵まれなかったと。校長も若い時は苦学して、余興などは別世界のものだったと言う。

三月三十一日（土）　本棚を買いたいと思うが、高くて手が出ない。夜、兄部が来た。日冷に就職、函館に赴任するよし。

四月三日（火）　終日雨、実にしつこい雨だ。昨日、腕立て伏せ、二五回、今日三〇回。煙草をどうもすい過ぎる。何本吸ったかわからない。

独歩論をだいぶ書いた。ドーデー「アルルの女」を読了した。傑作だ。

四月六日（金）　昨日八時の汽車で前橋の勝山家へ。彼の境遇は羨望の極みだ。講義は一週六時間、立派な研究室を持って、着々実力を養っている様子。

光夫君も連れて競輪にゆく。関東ダービーというやつ。競輪を見たのは初めてだったが、前橋への車中、隣に座ったのが女子競輪選手で一六歳の素直な子、前の席の二人は競輪で数十万をすったというおっさん。おかげで大分競輪に関する知識を得たので、があ、どなっている予想屋はすった挙句のなれの果てか、しかし無資本での良い儲けだとか競輪そのものより、その場の情景が面白かった。

夕食後は高城を訪い、三人で大いに語る。帰って勝山とふとんの中、三時頃まで文学のこと。

四月七日（土）　昨日から降り出した雨はまだ続いている。かなりの大雨だ。桜も散ってしまうんじゃないか。今までニッポンタイムズ。やがて満州基地爆撃という事態になりそうだ。そうなれば、日本も平和ではなくなる。吾輩はどうしたらよいんだろう。

現在のあり金、三六〇〇円。必要経費、定期代三六〇円、近代文学会会費一五〇円、買いたいもの、長靴一〇〇〇円、運動靴五〇〇円。

◇

この後、大まかな予算案が記してある。収入を一月五五〇〇円と見て、書籍一〇〇〇円、煙草六〇〇円、交通費七〇〇円、そのほか一五〇〇円ずつ七カ月積み立てて外套を買う、五〇〇円ずつ五カ月積み立てて関西旅行との計画。そしてその七日からの出納簿がつけてある。戦後初めての事だった。

◇

四月十一日（水）　昨日、本学年初授業。五時間しゃべったらのどが痛くなり、扁桃腺がはれた。この頃はすぐはれるので困る。中三は連中も楽しそうだし、私も楽しいが、いかんせん七〇人近い大人数でやかましくてかなわない。

今日は大学に行き買い物。研究室で独歩関係の本を見た。とにかく読みに読み、書きに書くつもり。

マッカーサー元帥、ついに解任。一応喜ぶべきことだ。アメリカの善意を証拠立てる、と考えてもよかろう。

四月十五日（日）　昨日、高二の西洋史で世界地図の説明、諸国の物語を彼女ら熱心に聴いていたが、マッカーサー解任は喜ぶべきだと言ったら、「どうしてですか」と皆、不審な面持ち。その気持ちはよくわかる。私も明日の離別を見送りたい位なのだが。

◇

翌十六日、羽田へ向かう元帥を沿道で見送った日本人は二〇数万と報ぜられた。衆参両議院は「全国民の意思」を代表して感謝決議を採択した。

かくて五年八カ月の長期間、日本を支配した人物は去った。アメリカに帰った彼は、各地に呼ばれて日本の変革を讃え、その将来に期待するなど雄弁だったが、やがて「アングロ・サクソンを四五歳の壮年とすれば、日本人はまだ一二歳の少年である」と言った元帥の評言が伝えられて、日本での人気は急にさめて、かなり具体化していた「マッカーサー元帥記念館」建設計画などもいつか消えていった。

後任のリッジウエイ中将は、胸に手榴弾をつけたまま朝鮮の戦線から日本に飛んできた。

◇

四月二十九日（日）　昨日は近代文学研究会。森於菟の「森鷗外の小倉日記をめぐって」。勝本清一郎、中野重治、吉田精一、荒正人、中村光夫、加藤周一、板垣直子、本間久雄等々、有名人も多数。勝山は学生を二人連れてきた。

森鷗外は秀才だ。とてもかなわないと痛感する。私は狭い分野を固く守って進むべきだ。

うるさい選挙だ。今晩だけ、と思えばほっとするが。

◇

地方選挙だった。東京都知事選には旧制高校生必読の書とされた「哲学以前」の著者出隆が出馬した。東大教授の職を辞して、共産党からの、正確に言えば共産党国際派からの立候補だった。都知事に当選したのは安井誠一郎で得票は約一四三万票。次点は社会党の加藤勘十で約八一万票、そして出隆は四万票だった。

◇

五月九日（水）　きわめて多忙な日が続いた。今日は大学、研究室で「チャタレー夫人の恋人」をめぐっての助手たちの議論が、どうにもいやらしくて逃げ出してしまったが、注意深く聞いてノートすればよかったとあとで気が付いた。

五月十六日（水）　九日以後煙草を買っていない。禁煙するつもりだったが、絶対禁煙はどうも困難。妥協策としてきざみをすっている。配給時代のものが幾箱か残っている。これなら大したことはないし、金も要らない。

昨日は目黒を休んだ。十三日の日曜が大掃除で疲れたせいもあるが、研究と教育との両立は極めて困難だ。夏休みになるまではどうしようもない。

中三の作文に写しておきたいものが二、三あった。精神的に顕著な成長をする時期らしく、感想やら注意やらいろいろお節介を書いてやりたくもなるが、よそう。ただでさえ週一七時間の授業は無理なんだ。よほど抑制する必要がある。

五月二十四日（木）　一昨二十二日、目黒から帰ったら石井からの手紙、結婚決定の吉報が待っていた。

昨日は大学、三八番教室で一六名の学生を軍裁から奪還する大会。出隆、佐多稲子らの話を聞く。この頃の目黒は、校長が盲腸の手術後、調子が悪いとかでさっぱり現れず、いたってのどかで平穏無事だ。ずっと煙草を買っていない。しかしすってはいる。やめられるかもしれないが、やはり煙草は楽しみだ。

◇

一六名の学生というのは、地方選挙公示の直後、飯田橋駅付近の出隆の応援演説会で反レッド・パージを訴える署名活動をしていて警察に逮捕され、連合国軍事裁判に回された全学連の活動家たち。うち一三人は二十三日釈放され、三人だけ軍事裁判行きになっていた。佐多稲子に事件を描いた「銀杏の並木道」という小説がある。

◇

五月二十七日（日）　午前中はニッポンタイムズを少し読んだだけで、あとは寝た。近頃、研究の方は手つかずだ。全くの奉仕の生活、それに石井の結婚であちこち奔走。水曜は佐藤、木曜は伊藤、金曜は石井を訪うて長談義。昨日の午後は井山氏と共に東京工業大学の学園祭を見た。

六月三日（日）　また日曜となってしまった。二十八日の月曜頃から、筆をとり出した。まだ調子は出ていない。調子の出ることを恐れる気持もある。研究への熱情が吸い取られそうだからだ。昨日も近代文学研究会があって、つくづく思ったのだが、いわゆる国文学者は私とは別の世界に住んでいる様、つまり骨董趣味で、若い青年のなすべき仕事ではない。私も時間があるなら、そういう趣味から離れた学問を確立したい野望も自信もあるが、なんせこう多忙では嫌になる。どうしても創作の方へと心は向ってゆく。

六月六日（水）　昨日で目黒の試験終了。一昨日は七時まで、昨日は六時まで残って採点、大体片づけた。

今日は暑い日だ。上着なしで出た。三越で石井の結婚祝いの硯箱を買う。散髪をして帰宅。

六月十日（日）　昨日、高二で二時間の授業を済ませた後、図書館の本を調べて三時まで、それから人形町の石井宅。すでに佐藤、滝田、やがて伊藤、芦田来る。石井の結婚披露コンパ。騒々しく愉快に終わった。大いに歌った。東北の常田からは祝電が来た。花嫁は美しかった。

人形町から八重洲口までハイヤーを飛ばす。一〇〇円也。駅でトイレから階段を上がってきた芦田、私たちに背を向けて「ああ、煙草が吸いたくなったよ」と。そして禁煙中だった彼、あっさり禁を破ってしまった。禁煙について佐藤は曰く「俺が学校でもらった免状は、曰く寒稽古皆勤、曰く何、曰く何。それを見てつくづく思ったのは、もうこれからは鍛練的なものとは縁を切ろうということだった」と。

六月十四日（木）　妙なことになった。ついに高一桐のクラス担任を仰せつかったのだ。出校日は週四日で相変わらず、給料が一〇〇〇円くらい増えるという。

◇

講師身分の私にクラス担任を頼むとは、教師不足で困った田村校長が考え出した窮余の一策だった。私がかなり信用されていた、ということでもあった。しかし、多忙、多忙となげいていた私の生活はどうなることか。

◇

六月十七日（日）　土曜日、初めて担任として高一桐に行った。「先生、当番終わりました」と初めての報告も受けた。さて、どんな担任になるべきかな。愚かさも、弱さも、いんちきも、すべてを包んで相手を愛さねばならぬ。嫌われても、憎まれても。しかしそんなことがどの程度まで出来るものかな。

七月二日（月）　担任になってから目が回るようだ。そのうえ、中三に最後の奉仕のつもりで宿題を課し、高二のノート調べもあるので、学校にいる間は暇なしの態だ。
朝鮮では停戦ができるかどうか、というところになったよう。

七月十七日（火）　十一日に大学へ行って買物をしてきたが、その時、社研助手募集の掲示が出ていて、何となくもやもやして方向の定まらない私は、まことにさそふ水あらばいなんとぞ思うで、そいつに応募してやろうというちょっと妙な考えをおこした。その後いろいろ考えもし、読みもして、ともかく、「日本近代と基督教」という研究論文を仕上げてみるつもりに今はなっている。どうも考えてみると私はやはり社会科学の方が本職のようだ。国文というのは趣味だね。小説を真面目な顔をして読める年ごろは過ぎたようだ。

七月十九日（木）　今日で試験がすんだ。居残って高二菊桐の大部分を採点。家に持ち帰ってほとんどすました。それほど大したことはない。この位なら、金をよけいにもらうだけ得らしい。と言っても学年末が大事なんだが、それまでに逃げ出せればすばらしい。とにかく白井さんや井上さんに手伝ってもらって一覧表も大分進捗。明日ちょっとがんばれば土曜日はフリーになりそう。

七月二十五日（水）　昨日でやっと学期末の煩雑さから解放された。夏らしい晴天が続く。今日は七時前におきて朝食後、タイムズ。それから古い雑誌など読みちらした。いよいよ勉強にとりかかる。まず必要なのは資料だ。

七月三十日（月）　八時の湘南電車で伊東。午後海水浴。夜は全くねむれなかった。

七月三十一日（火）　海水浴。午後は温水プール。

八月一日（水）　午前中一碧湖、午後海水浴。七時半の電車で帰京。

八月二十八日（水）　日記をすっぽかしてだいぶ経ってしまった。何から書いていいか、迷ってしまう。今一一時半、少し眠いが、電気を消して横になってもどうせ一、二時間は眠れないのだ。

今日は午前中タイムズを読みながら昼寝。昼食は例によってバタつきパンを食って家を出た。薄雲にやわらいだ日の光に誘われて歩いてゆく。駅の直前で若葉会の丸山さんに会い、久しぶりで氷あずきを食いつつ語る。彼は中学校の先生、とにかくぴたりとしている。夏休みをほとんどつぶされても苦でもなさそう。

駒込で降りて西ヶ原の木下家へ。すぐわかった。出てこられたのは正造氏の奥さんと見たが、親切な方で、尚江遺稿とみさこさんの追悼記をいただき、「野人語一」と「良人の自白下」を貸して下さった。まことに要は足だ。難物と見えた尚江氏もだいぶ明らかになってきた。

　八月二十九日（木）木下尚江研究を始める機縁になったのは富士見町教会で「神・人間・自由」を借りてきたこと。次に行った時「懺悔」を借りて読んで俄然興味を覚えて、二十四日笹淵さんを訪ねた時、木下尚江についてあれこれの質問をした。すると先生「どうです、研究して私に教えてくれませんか」と言われ、さっそく二三の紹介状をいただいた。で、翌々日、柳田泉氏訪問、続いて木下家訪問となったわけ。

　九月一日（土）　さっき午後一〇時からの放送で常田の発言を聞いた。「そうですね。まあ無関心ですな」。三〇秒でちょんぎられた。

　昨日、全権が出発した。どういうことになるか見ものだ。吉田君の事だから日本全権には何のこともあるまいが、ソ連の動きこそ興味津々。それともう一つ、講和条約後の日米何とか条約だ。とにかく講和後は面白い。研究材料になる。良い方法を見つけて現代社会研究をやってゆきたい。

　九月五日（水）　今ラジオで講和条約会議の実況放送。トルーマン大統領の演説だ。全然わからない。さっきのが多分ダレスの演説。日本語に訳された部分だけは勿論わかったが。

公私さまざま重要なことが次々と起こった。昨払暁は共産党幹部の急襲逮捕。細川嘉六、福本和夫ら七名が逮捕され、鈴木市蔵ら一一名は遁走した。

笹淵先生から葉書。「黙移」、「穂高高原」を送ってくれたよし。昨日木下さん宅で「穂高高原」を見て、これはすぐ読まなければならぬと思った際とて、まことにありがたい。まことに良き師と良き題目を得たものだ。

◇

『黙秘』『穂高高原』は相馬黒光の著書。

笹渕先生は明治三十五年熊本県生まれ。岡山医大を病気で退学の後、九州帝大を卒業。青山学院講師を経て、昭和二十四年東京女子大教授になった異色の学者。

対日講和条約は九月八日、サンフランシスコで調印された。会議に参加した五二カ国のうちソ連、チェコ、ポーランドは調印を拒否した。

◇

九月九日（日）　目黒の始業は六日。午後の職員会議で生徒の家庭訪問をやってくれと告げられた。大恐慌だ。来週いっぱいは短縮で、授業は午前中だけだが、宿題の整理や雑事に加えて家庭訪問では救われない。七日は金曜で出校日ではなかったが、宿題調べに行った。八日までかかって、中三の宿題調べだけ終わった。八日は今学期最初の授業。高二では講和条約について話した。

九月十二日（水） 十日は中三の初授業。講和条約関連の話。連中一生懸命聞いていた。十一日は一時間目に中三の試験。放課後担任高一桐のKと話す。彼女が家で煙草を売っていてちょっと混雑した時、一人の客が差し出した紙幣三枚と引き換えに煙草を渡してふと見たら三枚の紙幣の中の一枚は一円札、あわてて追いかけて行って、突き飛ばされたと。家庭訪問四軒。

今日は午後大学。久松さんから明治文庫への紹介状をもらった。そろそろまた張り切ろうと思うのだが、よっぽどうまく時間を使わないとだめだ。特に問題は世界史の予習、時間をかければきりがない。適当にというが、その適当がむづかしい。

◇

「明治文庫」は正式には明治新聞雑誌文庫。昭和二年に開設され、東大法学部所属。明治時代の新聞や雑誌を保管していて、明治史研究の宝庫だった。

◇

九月二十四日（月）　お彼岸の中日というわけなんだろう。喜子叔母さんと二人の子供、日出子叔母さんと二人の子供、それに熊谷の伯母さんが来て、さっき帰った。昼、パンを少し食い過ぎた上に和菓子と西瓜を食べて腹がいっぱい、懸案の部屋の整理をして、机に雑巾までかけて今終わったところ。

さて本題だが、十月いっぱいで目黒をやめようという計画、どんなものだろう。実は土曜日に給料が出た。九月から生徒の月謝が値上げされ、父兄への通知文にはちゃんと教職員の待遇改善が謳われていたし、校長は家庭訪問をしてくれと私に言った時、はっきり給料の事は考えると言い、交通費も出すと言った。だから皆、今度の給料に期待していたわけだが、明けてびっくり玉手箱、今までと同じだった。そこで坂田先生と山本先生が校長に談判と張り切って行ったところ、校長はあれこれの理由を述べて一〇月からあげると、それだけなら文句はないが、「私は一五年学校を経営してきたがこんなに信用されなかったことはない。給料が低いと思召すなら給料の高い学校へ御移りなさるがよかろう」などの暴言を吐いたとのこと。聞いて私も憤慨、喧嘩をしてやめようかと考え始めたのだ。

しかし今やめると苦しい。現在のあり金は約一二〇〇〇円弱。来年三月まで職に就かないと、一ヵ月二〇〇〇円弱。これではとてもやりきれない。しばし考えて思いついたのが一〇月末辞職のこと。一月分あればいくらか楽になる。

どうも相すまぬのは高一桐。だがこうと決まれば、一生懸命、それまでは面倒を見てあげる。高一桐だけでなく高二でも中三でも献身的に良い先生になって一ヵ月暮らすよ。さてじゃあ明日の予習。

九月二十五日（火）雨がまだしとしと降っている。やめる気になると、見る風景も少し違う。我が身の態度も違う。我ながら良い先生だ。特に中三のように三年もちあがって気心が知れていると、温和に愉快に引っ張って行ける。今日はK先生とS先生と二人欠席。それに先週土曜日の事もあって、校長もいささか気が咎めるのか、妙に人なつっこかった。

九月二十六日（水）　午前中はフランス革命のことなど読んで、午後は雨のなかを大学にゆく。明治文庫で毎日新聞を調べる。帰って「こゝろ」を読んだのは明日文学部の読書会がある為。あと一ヵ月、連中への奉仕を考える。なるべく能率的に、効果的に。高一桐は数人づつ呼んで話そうか。

九月三十日（日）　昨日目黒で手間取って遅くなり、どうしようか迷ったが、勝山に会えるかと思って近代文学研究会に出た。四時近かったが、講師本間氏来ず、結局解散になってしまった。

一昨日は岩波で渡辺さんと激論数時間、我ながら興奮した。むろん主義の問題。何時だったかもAと激論、大人げないほど興奮したが、ソ連を信ずるという立場はどうにも許せないのだ。

十月三日（水）　昨日は目黒を休んで、中村屋に相馬愛蔵氏を訪ねた。今日はラジオプレスに行ったら、石井はすでに東京新聞に移っていた。新聞社に行き二時間ほど駄弁った。

さて、明日はいよいよ校長に退陣を宣言しようと思う。金の事はいささか心配だが、窮すれば通ずるだろう。校長、どんな顔をするだろうか。

親父、先日博士論文を提出した。

十月五日（金）　昨日、校長に話したら、少しだけでも出られないかという。出来る限りの便宜は計るという。話が全く別になって、妥協成立の形勢。でも週三日で、一二時間で、クラス担任免除となったら、こちらには全く文句はない。給料も恐らく四〇〇〇円位はくれるだろうし、そうなれば経済的にも無理をしなくて済む。

校長は一体わしを何と思っているんだろう。わしは主観的にはあの学校の生徒のためにかなり骨を折ってきたと思うが、そんなことを校長が認識するはずはない。結局二年半もいたということ。割合彼の気分が平静な時に話したということか。

十月十四日（日） 林広吉氏から返事が来たので雨をおかして出掛けた。渋谷からバスで西太子堂。実にとっつきの良い面白い方で、尚江についても得る所実に大だった。尚江最後の直弟子をもって任ずる御仁ゆえむべなるかなだ。世界は大激動期、ちょこちょこ動いたって始まらんよ。平和運動だけはやるが、のんきにやりたいことをやって眺めているんだとおっしゃる。だいぶ長居をして、昼飯を御馳走になって、どうも風邪をひかせた恐れもある。盛んにくしゃみをしていた。

今日は六時まで停電。久しぶりでろうそくの火で夕飯を食った。台風が一度も来なかったためだという。今接近しつつあるルース嬢は風速六〇メートルとかいうとてつもないお転婆だが、こいつの気が問題だ。

◇

林広吉氏は木下尚江『神・人間・自由』（昭和九年、中央公論社発行）の編者。長野県生まれ。信濃毎日新聞で八年間を過ごした後、東京で朝日新聞に移った。「木下先生の生誕百年に、わたしは七一歳になります」と。

十月十七日（水）　◇

昨日は高一の試験問題作りで帰りがおそくなった。実際この頃の生活は、「全き」ともいえないが、かなりの献身だ。これからも、まだ大変だ。高一、中三の採点、そして担任の雑務。

担任の後任が決まってほっとしたが、どうも中三とは別れることになりそうだ。それでお別れのしるしに皆に一筆書いてやろうなどと思っているので。

しかしとにかくあと二週間の辛抱だ。のそのそと、ずるずるの生活を続けることは禁物である。十一月からは講師だ。断じてその域を逸脱してはならんぞ。書くんだ。書くんだ。勉強をするんだ。一つ心配なのは停電。台風ルース嬢の奴、損害ばかり大きくて、浮いた電力は石炭にしてわずか一億円だとか。

今国会が開かれている。講和条約と安保条約の批准国会だが興味は持てない。

◇

サンフランシスコで講和会議が開かれたのは九月四日、会議に招請されたのは五二カ国。中華人民共和国と台湾の中華民国は招請されず、八日には講和条約と日米安全保障条約が調印された。ソ連、チェコ、ポーランドは講和条約に調印を拒否した。日本の全権は吉田首相のほか、大蔵大臣池田勇人と日銀総裁一万田尚登などの五人で、安保条約には吉田一人だけが署名した。そして十月十日、臨時国会が召集された。両条約の承認をめぐってもめたのは社会党で、結局社会党は左右両派に分裂した。

◇

十月二十三日（火）　雨が一日降り続き、明日は遠足だが、気分は乗らない。この頃は失敗ばかりやっている。昨日は高二桐で黒板に「変」と書くべきを「恋」と書いてしまって、あわてて消したが間に合わず、大分連中を喜ばせたり。担任も毎日頭が痛い。劇の脚本は、やっとジャンバルジャンにきめた。

一九日は午前中石川三四郎を訪ね、午後は明治文庫で平民新聞を見た。そして二日間の没頭。それが今ではずいぶん長い間の事だったような気がする。

◇

石川三四郎は明治九年、木下尚江が長野県の開智学校に入学した年に埼玉県で生まれた。その二人が明治三十六年十一月、「平民新聞」で出会う。幸徳秋水と堺利彦が平民社を作って創刊したのが「平民新聞」で、木下尚江はその第一号に「永世の新倫理」という一文を寄せ、石川三四郎はその十一月、平民社に加わった。翌三十七年二月、日露戦争が始まり、木下、石川は反戦運動の同志だった。戦争が終わって、平民社が解散になった時、二人は雑誌「新紀元」を創刊した。第一号には内村鑑三が「新紀元の発行を祝す」と言う文章を寄せ明治三十九年十一月十日に終刊号を出した。石川はその後、日刊「平民新聞」の発行、編集に当たり、掲載文の筆禍事件で入獄を続け、大正二年（一九一三）日本を脱出、ヨーロッパを放浪八年、大正九年帰国、昭和二年東京の千歳村八幡山、（後の世田谷区船橋町）で「半農半筆」の生活を始めた。私が訪ねた時は七五歳、畑仕事からもどってきて私のつまらない質問にぼそぼそと答えてくれた。

◇

十月二十六日（金）　担任最後の大事業、一泊旅行の付添もまずは滞りなく終わった。疲れたが、一日の休養で回復。いよいよあと二、三日で講師様となる。そして旅だ。新しい出発だ。

◇

時間割の変更を生徒に伝えたのは二十九日の月曜日だった。高一桐で担任の交代を伝えると、「いやです」の大騒ぎになった。立ち上がった総務委員の生徒は「これまでも先生は週四日しか見えなかったが、高一桐は向上しました」「クラス担任の如何は私たちの問題だから、私たちの意見を入れてほしい」などと言った。ありがたい生徒だった。

新しい旅に出たのは十一月一日、木曜日の深夜だった。満員の中央線の車内通路で仮眠。松本についたのは二日の早朝だった。小雨だった。バスで浅間温泉に直行。午後、松本の案内役をお願いしてあった須藤さんと、まず天白町に現存していた木下尚江の生家を訪ねた。摂取院墓地の隣の旧下級士族の「茅屋」で、尚江が「懺悔」で語る明治初年の彼の舞台そのものだった。三日は美以教会を見た。明治二十三年、教育勅語が出て、教育と宗教の衝突論争が燃え上がった頃、尚江らが聖書研究会を開いた教会だった。四日は開智学校を見学した。学制発布の翌年に作られた小学校で、明治九年、「結構堅牢、規模の壮大なること地方無比」と誇る校舎が落成、その西洋風の新校舎に少年尚江は入学、地球は動いているなどの新知識を学び、又明治天皇の行幸を迎えたのである。

松本から私は京都に向かった。五日の朝一〇時頃京都についたが、その風景に

「全く見覚えがないのには一驚」と日記にはある。前に私が京都を見たのは昭和一五年、府立九中の修学旅行の時だった。すでに世の状況は厳しく、京都の旅館で出してくれた弁当は外米で、固いし、まずいしで半分も食えなかった。その翌年大戦がはじまり、東京や水戸は米機の爆撃で大惨害を受けたが、京都は無事だった。しかし私にとっては異郷だった。思い出とほとんど縁のない世界だった。

京都大学には水戸高でラグビー部キャプテンをつとめた柿沼など親しい友人が数人いた。彼らと京都、奈良を見てまわって、東京に帰ったのは十日だった。私の木下尚江に生命が通った。

◇

十一月十五日（木）　目黒の授業は午前中で終わり、一時頃帰って寝た。風邪が抜けない。ちょいちょい物を食ったり飲んだりして栄養の補給を心掛けているが、生活の転換は手つかずだ。各方面への文債だけは大体片づけた。お金の計算はめちゃくちゃだ。

十一月二十四日（土）　またずいぶん日記をサボった。いろいろなことが忘却の淵に沈んだ。十九日の月曜日、二十日の火曜日は放課後、高一桐や中三の劇の練習に付き合った。二十一日の午前は神崎氏を訪うた。二十二日放課後、文学部で「美しき魂の告白」について。二十三日は明治座で「お桂ちゃん」「浪花女」を見た。

十二月四日（火）　木下尚江伝をまとめ始めている。岩波新書的なものを書きあげてみたい。出来不出来はあまり問題にしないで、とにかく一応のものを完成するつもり。尚江研究の一つの手がかりとなり、この興味ある人物についての知識が多少でも普及すれば、意義ある仕事というべきだろう。

つい先日から急に寒さが来た。家にこたつができ、今も学校から帰ってこたつだ。外は柿の木も銀杏も葉を残さず、早いもので年の暮が近づく。

世間ではパチンコが流行っている。今日の帰り、道の両側のパチンコ屋を数えてきたら一三、四軒あった。

土曜日はプロテスタント史研究会から大学にまわり、新婚の藤野を訪ねた。将棋を三局。夕飯を御馳走になった。

◇

大学では一日の土曜日、総長選挙が行われ、第一七代総長に矢内原忠雄が選ばれた。「ファッショとは闘う」と新総長は述べた。

明治二十六年、愛媛県の生まれ。四十三年、新渡戸稲造校長の一高に入学。翌年

の内村鑑三の聖書研究集会に入門。大正二年、東京帝大法科大学政治学科入学。大正十二年、東京帝大経済学科教授。

昭和七年、『マルクス主義と基督教』出版。

昭和十二年、東大教授辞職。以後基督教伝道に従事。

昭和二十年、東大教授に復した。

◇

十二月七日（金）　良い天気が続いたが夕暮れてから雨が降りだした。静かな雨の音。こたつで尚江伝を書いていたが、やや眠くなったので二階に上がってふとんの中。

昨日、目黒からの帰り中三桐の二人と一緒になって話を聞きながら歩いた。みんな都立に行きたいと言っている、という話。前に中三菊の何人かに聞いたこともあり、担任の先生に聞いたこともある。かなり多くの三年生が都立の試験を受けることになりそうだが、私としては何とも言えない。

◇

新制の高校が誕生して三年が過ぎ、都立高校は堅実な歩みをしているようだった。二十五年度の東京大学入試では合格者数一位が一四一人の都立日比谷高校、二位が一二〇人の都立戸山高校で、一〇位以内に都立高校が七校入った。

◇

十二月九日（日）　昨日午後、早稲田の演劇博物館で近代文学研究会。武者小路実篤の話を聞く。学生たちが無趣味な質問をしないかなど、いささか心配だったが、そんなこともなく心行くまでこの得難い骨董品的人物を鑑賞することができた。勝山と久しぶりで会い、石井宅で語った。

◇

武者小路実篤は自伝的小説「或る男」の中で「彼もその時分の若い人と同じように、夏目さんや、藤村、独歩を愛したと同時に、一方、内村さん、蘆花生、木下尚江などを尊敬した」「木下尚江の『火の柱』『良人の自白』なぞが彼をよろこばした」と書いている。

明治十八年、子爵の家に生まれ、学習院から東京帝国大学に進み、明治四十三年、志賀直哉、有島武郎らと『白樺』を創刊、大正七年（一九一八）には「新しき村」の建設に着手するなど社会的な活動を進めるとともに、個性的な文章を書き絵を描いた。戦後は昭和二十一年三月、勅選議員に任命されたが、七月占領政策による追放の身となり議員辞職、二十六年、追放解除され、その十一月には文化勲章を受けた。

◇

十二月十五日（土）　国文の大学院研究発表会が終わって懇親会があったが、皆さん、なんと消耗していたことか。要するに東大国文学の枠内には出道がないのだ。そろそろその仕事が終わってしまうのだ。それに気づかないで久松さんの驥尾に附していてもだめだというわけ。ああ、わしに時間が与えられれば、モリモリ仕事をして新国文学を打ち立てるんだが、とこんな野心も燃えるのです。

十二月十七日（月）　目黒は試験が終わって文学部の会合。驚くべき話を聞かされた。カンニングの横行。高二は退廃の極だという。まじめな連中は勉強をする気もしなくなると言う。

十二月十九日（水）　昨日、一〇時頃出勤、成績の処理を済ませて二階の教室で将棋。職員会議が始まったのは三時過ぎてから。ボーナスが出たからか、講師連も一二、三名出席、職員室が珍しく壮観だったが、例によって例のごとき会議なので、こそこそ話がしきり、二人去り、三人帰りするなかで、中三担任の一人が、生徒の多くがクラブ活動を望んでいます、と発言すると校長「それは生徒が望むのは当たり前云々」とにえきらない。私が「生徒がやりたいと言うなら、どんどんやったらよいでしょう」と言うと校長少しあわてて、やはり中心になる先生がいなければ、などと弁解を続けた。

後で数学の山本氏、「今日は虫の居所が悪かったんでしょう」だと。私の発言にいささかとげがあったかもしれない。しかし山本氏は極めての穏健論者、余計なことを言うとやぶ蛇になるし、けんかをしてもとくなことはない、という。その気持もわかるが、校長は相手が大人しいとみればつけあがる。時には文句を言う方が賢明なのだ。それに生徒がかわいそうだ。高二のことなども、折を見て校長に談じ込むつもりだ。高一桐の国語の成績は飛躍的に向上、梅組、桜組と比べて平均一〇点ほど上になり、私は自信を強めたが、しかし、しかしだ。

三越のスト。がんばれ、断じて勝利せよ。慶応あたりの学生が会社側にやとわれてアルバイトに出勤。にくむべきだ。

◇

百貨店三越とは全く縁がなかったが、その組合が、仲間六名の解雇反対を掲げて、東京の三店で四八時間ストに突入したというニュースが私には刺激的だった。

◇

十二月二十日（木）　午前中は尚江伝で苦心惨稽、午後目黒に行く。再試験実施になりそうだ。しかし何より驚いたのは、教員Mのこと。教育の場に不適当な人は学校にとっての難題に違いない。

朝鮮の捕虜名簿交換をめぐって、米国では共産側のそれが信用できないと言い、共産側では国連側のそれが意味のない文字の羅列にすぎぬと言っている。一方は人数が少なすぎると言い、他方は人名だけで部隊名も何もなくて信用できぬという。

十二月二十二日（土）　目黒の終業式。ついに高二は再試験になった。S先生辞任の挨拶。後任のB先生はなかなかの美人。諧謔たっぷりの素晴らしい挨拶、いささか惚れたが、お子さん持ちのお方。あの学校の専任とは甚だ不似合な方だ。

帰り新宿で降りて三越に行ってみたら、平常通りの営業でがっかりしたが、組合側が急にストを中止したのだ。第二組合の勢力が伸びたとか。

小生近頃だいぶ左旋回。いつだったか、木下尚江の選挙運動をしている夢を見た。

明日から完全な休みだ。今の所いささか気が抜けているが、尚江伝、大いに頑張って進捗させたい。今牢屋の事を書いている。この後は手持ちの資料が不足なので、どんなことになるかわからないが、とにかく一応筋を通してみるつもりだ。

十二月二十四日（月）　クリスマス・イヴと言うわけで、夕飯にはいっぱいついたが、辛い酒であまりうまくない。酒に魅力を感じなくなったのは良いことだ。次第に健康になってゆくしるしか。いろんな非生産的なしこりが徐々に取れてゆくようで嬉しい気もする。

わしはこの頃オプチミストだ。戦争の脅威も右翼の台頭もあまり気にかからない。歴史の進歩は、所詮阻止し得ぬ。逆流といえども先人が戦ったほどの力はないし、こんな程度で真剣な顔、又情けなそうな顔をしてどうするんだと威張りたい位だ。戦後のいわゆる人間革命がどの程度本物だったか、それを確かめるのも楽しい仕事である。

十二月二十七日（木）　最近は尚江伝に没頭の形だ。閑にタイムズを読む位。二十五日は大学の図書館で田中惣五郎（『幸徳秋水』）を読んだ。二十六日、二十七日は明治文庫で平民新聞を読んだ。尚江伝、大いに進展。

新しい教養の体系を作りたい。尚江が経てきた明治の歴史は日本人のもっともオーソドックスな知識になるべきだと思うのだ。

十二月三十一日（月）　ただ飲み、ただ食う。時に亡き母を思い出す。今の家庭には生活がない。だが、もう別段の文句を言う気にはならない。ただ新しい生活を作る時には、ましな生活を作りたいと思う。問題はベターハーフがどこにいるか、幸いにも邂逅し得るか、どうかということだ。

昭和二十七年（一九五二）

一月二日（木）　今年は少しまめに日記を書こうと思う。思うが早速元旦からサボってしまった。そこでまず昨日から。八時頃起きて雑煮を祝って、二階で木下尚江伝に取り組んでいた時、賀状なんと二〇枚、ほとんどが生徒から。それからは返事に没頭、まず新年にちなんだ一句をひねり出そうと苦心惨憺、ろくなものはできなかったが、その一句。
お雑煮を一九五二（ひと食いに）して辰（立つ）の歳
夕方まで年賀状に取り組んで、それから熊谷さんへ年賀に行く。
今朝は朝飯前に、元朝の空うららなり羽根の音
というえらく陳腐な、しかし実用的な一句を得て、昨日の返事を完了。今日は七通来た。が今日こそは簡単に返事を書き終えて、本でも読みながら昼寝をしようと読みだした本が悪かった。「二十五時」。
気持まで変になって、頭を冷やすべく外出、本屋で時間をつぶしてさっき帰宅、今はこたつの中。父母はラジオを聴いている。ラジオといえば、この頃だいぶ悩まされた。特に大晦日のはひどかった。やかましく、神経に触った。わしはしずかなやわらかなものがほしい。読書もそうだ。「二十五時」なんてやりきれない。しかし「二十五時」は面白い。実に。オルガナイゼーションの非人間性から人間を守りたい。これが結局わしの欲求でも

ある。ただわしはゲオルギゥのように絶望はしていない。

一月三日（木）　午前中こたつで尚江伝に取り組んでいたら頭が痛くなった。そろそろ限界らしい。

スターリンが「共同」の要請にこたえて日本国民へのメッセージを発表した。かつて日本の帝国主義者を含めた諸外国の軍隊に占領された苦い経験を有するソ連は、外国に占領された日本の苦痛に深甚なる同情を禁じ得ない。されば前例をやぶって日本国民へのメッセージを送る次第だ、と。

講和が発効したらヒューマニズムを主張する同人雑誌を作りたい。しかしことは順を追う要あり。吾輩はまず尚江伝を完成させるべきだ。

一月四日（金）　尚江伝、家にある資料はおおむね整理を終えて、明治文庫が開く七日までいささか気抜け気味なので、午後細島を訪うた。

彼は四月から毎日新聞記者だ。何百人の中から選ばれた八人が出頭の日、まだ迷っていて、気乗り薄の応答を繰り返し、人事課長に油を搾られたよし。

一〇年ぐらいの雌伏は必要だろうと彼は言う。しかし新制高校の教員になれば、まず道は決められてしまうだろう。そして吾輩が家庭生活を営むには、新制高校の教員になるしか道はない。

細島の所で、歴研のパンフレットに載った晃の文章を見た。理論と実践云々、その辺の所だろうと思っていた。しかし彼はとにかく張り切ってやっている。まじめだから条件さえよければものになるかもしれない。

細島は吾輩にふさわしい女性がいるという。そして吾輩は、誰かが世話をしなければ、良縁は見つかりそうもないという。よってよろしくと依頼してきた。あまりあてにもならない仲人だが楽しみにしていよう。

一月五日（土）　午前中は日向ぼっこをしながらタイムズを読んだ。午後は懸案だった部屋の整理。結局部屋が狭いからどうしようもない。夜は「火宅」。尚江はつまり虚無を感じたのだ。「火宅」は下手くそな小説だが、尚江の虚無感に影響されて何となくむなしい気分。

そうそう、タイムズに緒方竹虎の文章が載っていた。戦争中軍部の圧力で新聞が節を屈した由来を書いていたが、読後感は結局商業新聞のだらしなさを痛感。厳しい情勢になったら、また同じように節を屈するだろうと予告しているようなもの。その意味で日本人全部に読ませたい文章だ。

一月九日（水）　昨日一〇時頃から明治文庫で「直言」を見た。一号から六号まで、尚江に関係ある記事を片っ端から抜き書きしたが、前途遼遠の感である。もう少し要領よく処理してゆかねばなるまい。

賀状四枚。返事を二枚書いて、これで賀状用に買った三円と二円の葉書八〇枚、全部使い果たしてしまった。夜風呂に行った。そして早々と寝た。

今日は午後目黒に行き、帰って今まで『原爆の子』を読んだ。痛烈な思い、というより他の言葉が出ない。私たちの問題は戦争をなくす事だ。が、平和、平和と叫んでも何の甲斐があろう。現実の場を見極めて、最も現実的な道を選ばなければならぬ。

◇

原爆の惨劇を体験して生き残った広島の少年少女の手記を集めた長田新編『原爆の子』は前年十月岩波書店から出た。

私は長崎で被爆した永井隆の『この子を残して』なども読んだが、原爆の残虐さを深刻に思い知らされたのはこの『原爆の子』によってだった。原爆が落とされてから六年半もたっていたが、アメリカ占領軍は、原爆の真実が知られることを嫌った。例えば広島市が原爆五周年に当たって編集した体験者の手記集「原爆体験記」

は、占領軍の命令で配布を禁止され、広島市役所の倉庫にむなしくうずもれた。「原爆被害の初公開」を謳った「アサヒグラフ」が出るのはこの二十七年、講和が発効して三か月後の八月六日。大部分の日本人が「その残虐さの片鱗を知るだけ」だったのは「占領期間中、あらゆる被害の残虐を伝える報道と写真が厳重に検閲され、公表を禁じられていたからに他ならぬ」と「アサヒグラフ」の第一頁にある。

◇

一月十一日（金）　昨日は明治文庫で「直言」と「光」を見て、午後三時頃から明日のラグビー部コンパの件を伝えるべく浜野、淵野を訪ね、最後に伏島を訪ねたら、彼「何だ、まだこれを着ているのか」と、いきなり私の将校用外套を引っ張る。それがだいぶ気になったようで、おかげでこちらまで少々気になってきた。平和な市民にふさわしいやつを買いたくなった。しかし金がない。

今日もその軍国の遺物を着て、まず木下家を訪い、「信州人物記」を返し、新しく二冊借りて、それから明治文庫。

◇

「直言」は社会改良主義の直行団の機関紙だったが、明治三八年一月「平民新聞」が廃刊になったのを受けて二月発行の第二巻第一号から平民社発行の日本社会主義の中央機関となった。「光」は、明治三八年十一月「新紀元」創刊から十日遅れて出た唯物派の雑誌。

◇

一月十五日（火）　のんびりした祝祭日の午後だ。昨日からの雨が上がって実にうららかな晴天。

昨日三学期の初授業。高二と高一で「原爆の子」を読む。恐らく数時間の課業にまさるものがあっただろう。中三でもいつか読んでやりたい。

聖書が欧米人の心をつなぐ紐帯となっているように、又戦前は天皇信仰が日本人の魂を結びつける絆になっていたように、新しい日本は、あの戦争の体験を共通の霊の泉とすべきである。

一月二十三日（水）　映画「母なれば女なれば」を見ようと一〇時池袋のエトアールに行ったら、休電日で一一時半からというので大学に廻り、「毎日新聞」を見て二時頃再びエトアール。吾輩にしては珍しい執着ぶりだったが、この映画キヌタ・プロダクションの作品故、今はあまり強烈な刺激はむしろ恐れるのだが、こういう仕事を育てたいという微衷のゆえに金六〇円を投じた。滔々たる反動の嵐の中に人間の善意を守りたい。ヒューマニズムの根を育てたいと思うのだ。

山田五十鈴は母に似ている。しかしじれったいほど録音が悪かった。技術が拙劣な感じ、それにもかかわらずこの映画をほめた朝日はうれしい新聞だ。

とにかく我々は力を蓄えよう。上手に表現できるようになろう。

昨日の授業は良かった。中三では「原爆の子」を読んだ。帰り明治文庫に寄り、五時近くまで「毎日」を見て、明治三十二年三月の木下尚江署名の興味深い論説を発見した。これから当分は「毎日」との取り組みだ。

◇

木下尚江が活動した明治の「毎日新聞」は、明治三年横浜毎日新聞として日本の日刊新聞の先陣をきり、やがて島田三郎のものになった新聞で昭和、平成の毎日新聞とは違う。木下の最初の署名入り論説は明治三十二年三月十七日号の一面に掲載され、十九日まで連載された「世界平和に対する日本国民の責任」という長論文だった。

◇

一月二十七日（日）　一昨日、銀座の松坂屋でオーバーを買った。四八〇〇〇円也。九〇〇〇何ぼの品の見切り売り。これで身なりは一通り人なみとなったわけ。

二月一日（金）　昨日、目黒。放課後の文学部ではアランの幸福論。おわって教室を出たらもう五時過ぎ。カンニング事件の二人が待っていて、謝罪したので、お互いに忘れましょうと慰めておいた。駅まではB先生と一緒だった。就任のはじめに校長から多少ヒステリックな先生がいるけど気にしないように、と言われたよし。「I先生は、さぞやかましい人が来たとお思いでしょう」とB先生は笑っていた。

今日は雪をおかして明治文庫、明治三十三年の毎日を見た。五時過ぎ帰ってすぐ風呂に行く。風呂ほどよいレクリエーションはない。多忙、多忙で、英語は最近完全放棄の形。

二月七日（木）　いつの間にかずいぶん日記をさぼったなあ。どうも閑がないのだ。日記を書く暇がない。今十一時、こたつの練炭も寿命が来て、そろそろ二階にひきあげなければならないが、わずかな時間と思って久しぶりでこのノートを開いたわけ。外は雪だ。

さて、最近の朗報は女子卓球世界選手権獲得。にがにがしいのは議会の政府答弁。予備隊は一〇万に増えても三〇万にふえても、戦車や高射砲を持っても再軍備ではないと突っ張る。おたまじゃくしは蛙ではないそうだ。ちょっとしたニュースは英国王ジョージ六世の薨去。英国というものをしばし思ったひと時だった。

尚江伝、書き進んでいる。水曜の明治文庫は、毎日新聞で明治三十三年末の面白い記事を読んでうれしいやら楽しいやら、原稿はルーズリーフで二〇枚になった。

目黒は不愉快なことあり、楽しいことあり、高一ではこの頃脱線ばかりだ。今年度は世界史担当で大いに勉強になったから文句は言えぬが、どうもいささかつらかった。四月からもあそこにいることになりそうだが、今度は中等科あたりでのんびりやりたいもんだな。

二月十七日（日）　昨十六日、小雪の中を山一、伊藤と増林寺へ。田岡の一月忌だ。四時から中村屋で追悼会。終わって竹林の四人と数時間。石井の赤ちゃん、早産だったが、母子とも無事。まずまず良かった。

二月二十三日（土）　今一一時。尚江伝の筆をとめたところだ。ルーズリーフは六〇枚ほど書きためた。うまく書けるかどうかは疑問だが、尚江の生涯がこれからの日本人の常識の一つになるべきであるという確信は、いよいよ固くなるばかりだ。

大学では大事突発。一昨日の五時頃、明治文庫を出て赤門前から電車に乗り正門前まで来たところ、なんと警官の山。青い鉄兜をかぶった武装警官が数十人、閉じられた大学の門扉に向かって並んでいる。その他に制服警官がこれまた数十人。何事かと私は電車を降りて眺めていた。やがて警官は引き上げてゆき、二二番教室で緊急の集会。事件の内容はこうだった。

その前日、つまり二十日の水曜日、松川事件に取材した演劇の最中、私服警官三人が観衆に交じっているのを発見、つるし上げて警察手帳を取り上げ、始末書に署名させた。警察ではそれを暴行として二十一日大学構内に乱入、一人の学生を検挙拘引。検挙された学生を取り囲んだ私服、制服の警官群をくいとめるべく学生たちが門扉を閉ざそうとするのを外側から警察の増援隊が破ろうとし、その際学生はだいぶ痛い日にあわされた。結局検挙学生は連れ出され、とび出してきた尾高学生委員長が警察側と交渉、その最中に私が電車を降りたというわけ。

昨日は正午から二五番教室で集会。今日は一時から二二番教室で学生大会。

何しろ面白いことになった。矢内原総長もなかなかの決意らしい。あの線で学生が結集できたら存分の闘争が可能。ある程度鬱憤を吐き出す機会にもなりうるだろう。

はっきりさせることが大事なんだ。権力の実態を明確に示すこと。そしてまた戦後日本の民主主義の実態を明らかにすること。

一歩一歩築いてゆく。戦ってゆく。妙な、わけのわからぬ観念闘争でなく、と言ったら左翼の連中は怒るだろうが、実際今の左翼の運動は観念闘争で、日本の民主主義を進めてゆく上では大して意味がないと私は思うのだ。

◇

東大の学生サークルの一つポポロ劇団が二五番教室で開いた演劇発表会に私服警官が来ているのを学生が発見、その三人に迫って警察手帳を取り上げた。本富士署は、翌日百余の警官を動員して大学に押し寄せ、一人の経済学部の学生を逮捕したという事件だった。

ポポロ劇団の演劇は、昭和二十四年、下山事件、三鷹事件に続いて起こった松川事件に取材したもの。国鉄の人員整理が強行されていた時だったが、東北本線の松川駅に向かっていた旅客列車が転覆、乗務員三人が死んだ。その翌日、吉田内閣の増田官房長官は、この凶悪事件は三鷹事件その他の事件と「思想的底流において同じもの」だとの身勝手な談話を発表した。

◇

三月二日（日）　昨日ふと今度の東大事件を徹底的に研究してみようかという気を起こし、東京新聞に石井を訪ねたが、月替わりでダメだった。書き写すとなるとえらいことで、今は暇がないが、でもできるだけ集めておこうと思っている。いろんな問題がここには含まれている。戦後の大学生、自由党、新聞の実相、大学における政治と学問、学問の自由、東大という物、その他その他だ。

昨日は午前中明治文庫で雑誌「社会主義」をしらべ、午後石井と駄弁ったのだ。石井の第二世、暁（アキラ）と名付けたよし。我らが暁鐘寮の名を伝えたのだ。正に傑作だ。

先週は目黒に行った日は遅くまで残った。今週もずっと残らねばなるまい。

◇

東大のポポロ事件に関しての国会論議が三日から始まった。『サンデー毎日』（三月二十三日号）の表現を借りれば、衆議院法務委員会で四時間にわたって「つるし上げ」を食い、一手に厄男を背負ったのは矢内原総長だったが、喧噪そのものの議場を、シーンと静まりかえしたのも矢内原総長だった。

学生代表の吉川勇一君は、常に学内集会でなれているだけあって「この事件は警官の不法侵入によって引き起こされたのだ」と不法侵入をナジリ、更に手帳の内容について「尾行、張込み、更に我々の先生の身元調査、それも思想の調査をやっているのがわかった。まるで特高と同様、時代は戦前へと逆行しつつある」と学生の憤激ぶりを吐露した。

六日の衆院の委員会では、身元調査を頑強に否定していた三巡査が野党委員の追及によってそれを認め、署長も「前回はすべて記憶違いだった」と先の証言を取り消した。しかも保守党委員は、この警察の醜態に対しても、もっぱら援護に努めるだけであった。

◇

三月七日（金）　風邪をひいて憂欝だ。疲れが出たのだろう。この頃は全く羸弱な体になってしまって、物の用に立ちそうもない。今日は明治文庫に行ったが気分が悪くて早々に帰って寝た。

昨日で目黒の授業終わり。田村息子と喧嘩した。中三菊を何とかしろと責めたのだが、彼は要領を得ない。生徒が謝ってこなければ今のままでやりましょう、などと言うばかり。あきれ返ったり、憤慨したり。大体中学までの子を人格的に非難するのは教育者としてあるまじき行為ではないか。

三月十四日（金）　雨をおかして明治文庫。平民新聞を見る。行けば必ず貴重な収穫があるが、帰りは傘を飛ばされそうになった。

明日はどうしても目黒に行かねばならぬ。中三は送別会もしないらしい。学校側のやり方はあまりにも教育的でない。かわいそうになって何とかしてやろうかとまた義侠心鬱勃だ。かわいそうなだけではない。三年間教えた今の中三は、心を込めて送ってやりたい。ただ「さようなら」だけではどうにも気が済まないのだ。

三月二十二日（土）　昨日高三の卒業式と謝恩会。その前の日が中三の免状授与式。こいつは腹が立った。校長の挨拶が変にあてつけがましい宣伝で、月謝未納の人には免状をあげられないだの、本校の受験生は三〇〇人あった、都立を受けて落ちた人はいれてあげたいが、都合がつくかどうかわからないだの、と。あんな式で送られる生徒は本当にかわいそうだ。

しかしとにかくこの数日、ほとんど完全に目黒の教師として過ごした。歌や俳句をたくさん作り、サイン帳に書き散らした。ほとんど忘れたが。

沈丁花におう夕べを別れ行く　君に幸ある道を祈りて

三月二十三日（日）　「講演　木下尚江について　山極圭司氏」という葉書が来た。なんだか、ちと変な気がする。誕生日だし。気分、情緒に生きたこの数日だったので。とにかくそろそろ学究生活にもどらねばならぬ。

三月二十四日（月）　素晴らしく晴れた朝、外套なしで明治文庫に行く。日露戦争期の毎日新聞を見た。気が付くと一天かきくもって、雨も降りだしていたが、帰りには日がさした。帰ったら高一桐のKさんからの手紙が来ていた。短い担任だったが、双方にとって多少の意味はあったと思う。

三月三十一日（月）　午後明治文庫で「六合雑誌」を見た。尚江のキリスト教がだいぶ明確になった。しかし来月五日のプロテスタント史研究会での発表のために内容をまとめる必要があるかどうか。大学院の中間発表もあるから、書いた方がよいことは確かだが、面倒くさい。尚江伝はそもそも問題が多くてきりがない。とにかく一通りのものがまとまるのは夏休みということになりそうだ。

◇

『六合雑誌』は明治十三年、小崎弘道、植村正久らが創刊した月刊誌、キリスト教に基づいた評論活動を展開していた。木下尚江は明治三十年代、「明治の病的政史」などの論を寄稿した。

◇

四月四日（金）　この二、三日、全くうんざりしてしまった。明日の研究発表の準備で書いたり考えたり、ほとほといやになった。四月一日はたしかべらぼうに寒い日だった。筆をとることもできず、ただ漠然と過ごしてしまった。

二日は午後目黒に行った。時間割をうつし、教科書をもらってきたんだが、実はそれより重大な用事があった。その日の新高二の生徒からの葉書に「先生が転校されると聞いて云々」とあったので、まさかとは思ったが、前例はあるし、ありえない話ではないと小生いささかあわてて出かけたのである。職員室にはずらりと机が並んで、新しい先生を多く迎える準備ができていたが、私の席が決まっていない。で、校長に聞いたら、彼はすぐ机にかかれた白墨の名を消してやり直し、小生は明るい最上の席を得た。いったい、どういうことだったのか、あれこれ考えさせられた。とにかくK先生が辞めて小生は講師中の最古参になった。今学年はあまりやる気を出さないで、つつしみ深くすることだ。

四月六日（日）　昨日一時半から富士見町教会一階会議室で発表会。あまり人は来ないだろうと思っていたが意外やなかなかの盛況。家永さん、比屋根さん、大久保さん等錚々たる先生方も見えて、小生大分消耗した。終わったのが四時半くらいで本当に疲れた。尚江に関心を持つ人が意外に多いのに一驚。とにかくつかれきって、ふとSさんでも尋ねてみようと思い立って、大久保に行って探したら家は簡単に見つかったが不在。坂下で一人で飲んだ。戦争中の思い出などしんみりやって二本飲んでしまった。

今日は一日良い日だった。からりと晴れて風もなく、二一度とかで今年になって一番暖かな日だったそうだ。家にこもって尚江伝。

明日は目黒の始業式。新任の先生を拝見するのがいささか楽しみだ。

◇

富士見町教会の会議室での発表会で最前列の演壇のすぐ下に座って、熱心にノートをとり、質問を続けて私を疲れさせたのは家永三郎先生だった。しかし疲れても不快ではなかった。楽しかった。日本史の専門家が真面目に問い、それに対してかなりの応答ができて楽しかった。家永先生は大正二年（一九一三）九月生まれだから当時三九歳。文学博士。東大などで講師をつとめていた。

◇

四月十三日（日）　風の吹き荒れた日曜日。桜を惜しんで、東京の人出はおよそ三〇〇万だったと。ほらの混じっていそうな数字だが、相当人が出たことは確かだ。この日私は引きこもって、能率の上がらない尚江伝の仕事を続けた。進まない。結局実力という物だろう。

四月十九日（土）　久しぶりですばらしい春日、午前中、明治文庫で日刊平民（新聞）を見て、ダンス講習会の申し込みをして、本屋を何軒かまわって帰宅。

今学年、尚江伝を早く仕上げたいのは山山だが、これは骨が折れるからあまり執着しているのは禁物だ。適当な切り上げ時を知るべきで、あまりあわてないことだ。むろん最大のエネルギーを注ぐべきだが、要は時間を賢明に使うことだ。

ダンスいよいよ習うぞ。今日五回券を買ってきた。

英語は電車の中で新聞を読む習慣がついて、少しづつ読んでいる。気張らないで続けてゆけばよいだろう。毎日気を付けて体操をすること。それからいろんな本を読む。短いものを読む。

四月二十一日（月）　また東大で事件が起こった。食事の時親父憤慨していたので「政府が暴力的だから仕方がないさ」と捨て台詞を残して席を立ったが、実はいささか憂慮に堪えぬ。土曜日大学に行った時、掲示板にかなり戦闘的なアジビラがあって首をかしげたが、左翼に引きずられるのは危険だ。連中は結局破壊主義。同情はするが憎らしくもなる。AとK、ひっかかっていないか、心配になる。

悲劇の国日本。政府は憲法を蹂躙して顧みない。古い罪悪人たちが大きな顔をしてあらわれる。福島県とかで外務省の一事務官が、平和を唱える者はソ連の手先だと好戦演説をぶって喝采を博したよし。

今宵久しぶりで寮歌を歌って、もの悲しい気分になった。旧制高校にあれだけの内容が積まれるのにも二十余年の伝統が必要だった。しかも天下の秀才と称される若人たちの集いですら、あんな程度の生活しか作れなかった。世の中をよくしようなんて、畢竟夢かもしれないな。

四月二十三日（水）　午前中尚江伝を書き、午後家を出てまず散髪、それから大学へ行き、三時から七時近くまで国際平和賞記念講演会を聞く。柘植氏あいさつ。末川博、上原専禄、大山郁夫の演説、末川氏は「法と自由」、大山氏や石橋、北村等の渡露をさまたげているのは法であると説き始め、極めて達意な演説。わしは実際涙もろくて何度か泣いた。大山氏は何という立派な顔。演説はうまくない。しかしあの顔をながめながら彼の演説を最後まで聞いたことは収穫だった。

五月一日（木）　メーデー、相当な波乱があったらしい。Aがまだ帰ってこない。いささか気がかりだ。日比谷に向かったデモ隊六〇〇〇人が四〇〇〇人の警官隊と衝突し、死者三名、重軽傷者数百名を出したというが、中には学生が相当数混じっていたらしい。現在頻々として起こる騒擾事件が、追い詰められた共産主義者の反抗と一部学生の観念にしかその地盤を有していない、とは明らかに言えると思うし、それ故に結局は大したこともなく鎮圧されるに相違ない。で問題は負けても闘う方がよいか、勝てるようになるまで待つ方がよいか、という点。私は待つ方がよいと思うが、これは主観的な判断かもしれないな。

電柱に立憲養正会とかの名で「いわゆる日本国憲法を廃止せよ、主権を陛下に還し奉れ」というポスターが貼ってあった。いちいち気にしていたら神経衰弱になるだろう。

東大事件でもずいぶん頭をなやませた。中央委員会議長吉川勇一も逮捕されたし、とんでもない世の様となりにけりだ。純情の青年を犠牲にする世は、何といっても不健全だ。

今、Aが無事に帰ってきた。世のうるさいことさえなかったら、吾輩の生活は正に天下泰平である。目黒は授業も楽しいし、出発早々の文学部も楽しい。ピンポンでS先生に負けたことが癪に障るくらいのこと。とくに近頃は生徒と大分親しくなったりして、片や嵐の吹き荒れるあり、またぞろなんだか英雄になりそうな傾向もあり。吾輩は結局孤独に耐えられない人間である。

五月三日（土）　昨日は午前中、明治文庫。「松本市史」を見たが、その後事務員Kさんの話を聞いた。メーデーも一度は見ておこうと、ピクニックへ行くような気持ちで、東大に集合した東職（組合）の面々、妻や子を連れた人、恋人を連れた人など、二間の竿にはためいていた大きな旗は、Kさんが二十九日の祝日を半日つぶしてミシンをふんでぬいあげたもので、ある人が手に提げた大きな包みは前の日に女の子たちが協力して作ったケーキだった。

神宮外苑は超満員で、極左分子の百名余りが演壇を占拠した騒ぎははるかに見えたが、のどかな春日和、腰を下ろして見る壮観に心楽しくはしゃいでいた。

行進に移ったのは一時頃。先頭が出発してから一時間たってやっと出発できた最終組で、途中はさんざん走らされ、解散予定の日比谷公園まで来た時はほっとした。ところが行進はそのまま続く。

「あら、日比谷で解散じゃないのかしら」

「宮城前広場へ行くんでしょう」

石投げが始まった。行進は混乱。青い鉄兜の警官隊がひたひたと押し寄せてきて、パンという音を聞いた途端、目があけない。びっくりして、無我夢中で駆けた。前にいた女性が警官に殴られるのを見た、と――。

◇

メーデー体験を話してくれたKさんは明治新聞雑誌文庫の事務員で、来館者が頼んだ資料を中から持ってきてくれる女性だった。

事件後、共産党、産別会議、左派社会党はそれぞれ政府非難の声明を発表した。日本共産党東大細胞の名で配布されたガリ版刷りの「解放日報」は事件を次のように捉えていた。

「――日本の労働者は第二三回メーデーを万国の労働者とともに祝った。しかるに売国吉田政府は人民の広場を祭典に使用することを拒否し、大会は祭典妨害に対する怒りにみち、デモ隊はそのまま人民広場に向かって行進した。警官隊は日比谷交叉点で労働者・学生のスクラムにおそいかかったが、団結の力は彼らの暴挙をはねのけて、三万にのぼるデモ隊はついに人民広場を売国政府の手から奪い取った。」

「解放日報」はこのあと、警官隊の「暴挙」について具体的に記しているが、デモ隊の被害には触れていない。ただ暴挙に対する「実力の闘い」があったとして

「この闘いこそが、民族を売国奴とその主人の手から解放する唯一の道であることを知った」と記している。

総評と総同盟は、共産党の集団的暴力行為を非難する声明を発表した。田中警視総監は「この機会に不穏分子を徹底的に一掃するつもりだ。また警視庁としても装備、訓練など再検討の必要を痛感した」と語った。メーデー事件検挙者は一二三〇名という多数にのぼった。

◇

五月十一日（日）　昨日はダンスの請習会に行こうと思って、実力考査の採点もそこそこにまず大学に寄ったら研究室に勝山が来ていて、結局ダンスはおじゃんとなりにけり。全くなにやかや忙しくて学期中のダンス習得はどうやら絶望らしい。今日は部屋の掃除。午後はブリキ塀にコールタールをぬった。

五月二十三日（金）　隣室に東大の連中十数人集まって五月祭の準備をやっているのでうるさくて尚江伝進まぬ。尚江の獄中体験をまとめているのだが、どうも筆の進みが遅い。五月いっぱいで前史を終え、後史に移るつもりだが、その構想もたっていない。夏休みを利用して長野の図書館で信濃毎日を調べてくることも考えている。

六月十三日（金）　十一日、明治文庫で勝山に会い、午後一緒に芦田を訪ねる。破防法（破壊活動防止法）のことなど聞く。まことに物騒な世の成行き。このまま進めば結局暴力革命まで行くのかもしれない。

滔々たるファッショの流れ。目黒にも極めて不愉快な兆候。昨日文学部が終わって職員室に入ったら、新しく来た体操の先生と珠算のSさんが盛んに論じている所。結局生徒を締め上げるべきだという主張。特に体操の新人は論外で、前にいた男子高では生徒がにやけてくると頭を伸ばした。女学生はお化粧などもってのほかだと。Sさんも同調して、クリームを持っている生徒がいる、靴の良すぎる生徒が目立つなどとうるさいこと、うるさいこと。癪に障ったがとうとう一言もしゃべらず出てきてしまった。

六月二十日（金）　明治文庫で十時から三時まで。三時から緑会主催の破防法講演会。矢内原総長、尾高、団藤、岡教授のうち、興味深かったのは団藤教授の講演だけ。それと尾高さんという人物の魅力。

まだ八時をいくらも過ぎていないが、疲れ切って、眠くてどうしようもない。風邪が治りきっていないし、何となく調子が悪い。張り切り過ぎた反動かもしれない。尚江伝大分進めた。そろそろ捏ね上げの段階だ。

六月二十三日（月）　びしゃびしゃ雨が降っている。新聞の記事で朝鮮の人たちのことを思い、実にも暗澹たる気持になった。全く正気では生きられない時代だ。

吉田首相は、低賃金が日本経済の長所だと公言、実際はっきりした男で、その言やよしだ。ともかく問題は時期である。アメリカ軍隊の圧力が何時どういう形で取り除かれるか。それまでに反動資本家政府がどの程度の暴圧政治を行うか。それが革命の性質を決定するだろう。

◇

朝鮮戦争が始まって三年たった。休戦提案が出てからもほぼ一年がたった。会談は続いたが両軍対峙の事態はさっぱり好転しなかった。

◇

六月三十日（月）　金曜日の午後大学で梅原にあった。一年九カ月の牢獄生活から解放された彼、太って、えらく逞しく元気だった。人間としてもずいぶん成長したようで、本物の革命家らしい風貌さえそなえてきた。その夜はアメリカに留学する田村息子氏の送別会。大いに飲み大いに語り、酔って最後は校長の家に転がり込んだ。そして土曜日の朝、自動車で登校、午後は川村学園に指導要領の説明を聞きに行った。実にも忙しい日が続いた。

今日雑誌にあった石母田氏の文章を読んで慄然とした。革命浪漫主義とでもいうべきか、ああいうすさまじい意欲はなえしぼんでもらいたいものだ。

◇

石母田正著『歴史と民族の発見』は三月に刊行され、例えば竹内好からは「日本におけるマルクス主義理論の成熟を示す画期的な」書と評価され、又青年学生の一部から深い感動を以て迎えられたという評判の書であった。その石母田がメーデー事件を次のように評価した。

――現在私どもは、「血のメーデー」がつくりあげた新しい時代、新しい日本に生きております。この五月の日本人はもはや二月の日本人ではありません。半年前にはたれも自覚しなかった力をわれわれ日本人は自覚しつつあります。

――現代の歴史の新しい時期を画するこの事件についての正しい評価なしには、学問とその環境について語ることはできないと私は思います。

◇

七月四日（金）　破防法はついに国会を通過した。今住民登録拒否という新しい問題が起こっている。共産党のエネルギーも相当なものだ。こういう一連の事がどういう結果を生むかはわからないが、良い気味だという気持ちもある。

昨日の文学部、伊勢物語を少し進めた後、例によって雑談、首相批判など。学校ではこれから校友会活動を活発化するそうで、文学部はどうなるか。高一あたりからがさがさ入ってこられたらちょっとかなわないが。

七月十一日（金）　試験始まる。高一の答案が出た。五時半頃まで調べた。一時間ほどはピンポンでつぶしたが、採点はついに終わらず。しかし中学から進んだ連中の熱心な勉強ぶりがうかがえて嬉しかった。

新しい人たちとは、まだ気分的に打ち解けないところがあるようだ。梅雨がさっぱり上がらず、ビールなど飲みたい気も起らないのは経済的に幸便。今年はまだ桃も食べぬ。涼しくて勉強はしやすい。しかしうんざりしてきた。パッとすばらしい天気にならんもんか。

尚江伝についていろんなことを思う。吾輩の才能はどうも二流、もしかしたら三流か、などと思う。あきらめて、小さな独自の世界を守ってゆけばよいか、とも思う。

七月二十日（日）　オリンピックが始まった。午後、尚江伝の原稿を持って家永三郎氏を訪う。出版のための準備を進めたくなったので。――さてどんな反響があるか。

◇

第一五回オリンピックは、ヘルシンキで行なわれた。第一四回のロンドンオリンピックに日本は参加できなかったので、戦前昭和十一年のベルリン大会から十六年ぶりの参加だった。

◇

七月二十八日（月）　オリンピック放送で目が覚めた。水泳百自由形で鈴木が二位に入り、後藤が四位に入ったのは意想外の大成功だが、期待のマラソンは惨敗。チェコのザトベックという超人が優勝。彼は五千、一万と合わせて三つの金メダルをとった。

七月二十九日（火）　昨日、上野図書館に初めて行った。行くまではおっくうだが、行ってみれば何のことはない。せいぜいずくを出すべきだ。「實業之日本」を見て貴重な文章を発見。えっさえっさと書き抜いた。午後は家永さんを訪う。「本屋に紹介状ぐらい書いてあげます」と。今日は午前中女子大に行って「花外詩集」の同情録から尚江の文章をうつしてきた。まだまだ多忙だ。

◇

その日の朝日新聞に家永三郎「歴史教育は回れ右をするか」がのった。検定申請のために家永先生が提出した高校用日本史教科書の原稿に対して検定審議会の調査員の一人が加えた批評——たとえば大逆事件の記事は望ましくないとか、太平洋戦争は生徒が体験してきたことだから全部省略して可なりとか——の批評を紹介し、教育界における「逆コース」現象を憂慮した文章だった。

◇

八月一日（金）　えらく暑い。風がないのだ。上野へ行った。古橋は負けちゃった。新聞を読んで泣いてしまった。この頃目黒の卒業生と在校生からずいぶん多くの便りが来て、返事のついでにこちらも大分あちこちに葉書、手紙を書いた。

八月七日（木）　このところ数日、遊んでしまった。五日は午後、家の用事で本間さんを訪ね、初めて国営住宅地の壮観を見た。ビールを御馳走になった。それから家永さんを訪ねた。教育の話、教科書の話。そして創元社への紹介状をいただいた。内容は責任を持つし、推薦文も書く、というこの上ない紹介状だ。帰宅は一〇時頃だったか。それから尚江の静座関係の所を書きなおした。

六日は電話で創元にふられたので、石井を訪ね、三時頃から九時近くまで駄弁った。彼は改良主義で吾輩はかなり急進主義だ。家に帰ったのは一〇時頃だった。それから手紙を書いたりして、涼しく月の美しい良い夜だったのでぐずぐずしていたら二時になった。

今日は創元社に電話、佐古氏の自宅を聞いて梅ケ丘まで行ってみたが不在。帰って資料の整理をした。珍しく手紙が一通も来なかった。

八月九日（土）　昨日は明治文庫、今日は上野図書館。上野では「新紀元」を借りられた。私が戦後最初の閲覧者なんだそう。戦争が終わるまでは閲覧禁止になっていたのだ。またまたそんな時代が来るかもしれない。今のうちに大いに書くべきなのだ。危なくなったらじっとして縮こまると。それまで全精力をあげて活動をしたい。それにつけても、尚江伝早く出ないと困るんだがなあ。

二日とも、帰りに「社会タイムス」を買った。育てたいのだ。もう少し基礎が固まり、私の基礎も固まったら、ああいう所で働くのも良いと思う。

◇

「社会タイムス」はこの年三月、青野季吉を社長兼編集局長に迎えて創刊した総評、左派社会党系の日刊新聞。

八月九日発行の第一六一号は二ページ建てで、一面には再軍備関係の記事が並び、二面の「まちかど」という囲み欄には、松川事件の「真犯人は アメリカ兵だ」という噂話の紹介がある。現場の目撃者斉藤金作は呼び出されたり、脅かされたりした末、二十五年一月十二日、行方不明になり、四〇日後死体がどぶ川から発見されたという話を「真偽のほどはともかく」として紹介している。

◇

八月二十四日（日） 昨日は明治文庫。夜すずしかったが、三時頃までねむれなかった。兄部の手紙に返事を書いたので、そんなことごとが頭をめぐって。兄部の手紙は、サラリーマン生活の苦しさの訴えだった。仕事で精力を使い果たし、ちょっとの暇も翌日の搾取にそなえるだけの、退くつなくだらない男になってしまったという内容で、身につまされる思いがした。その朝親じが「気をつけて書けよ」と言った。つまり尚江はどうも危険人物らしいし、処女作だから変にとられると後にさしつかえるというわけだ。どこからか尚江について聞いてきたんだろう。

八月二十六日（火） 少々また人生が煩わしくなってきた。何もやりたいことがない。こんなところが本当なのかもしれぬ。

暑いせいもあるんだ。上野へ行ったら満員で、食堂で本を読んだりして一時半頃出てきてしまった。池袋でまたビール。今度日本ビールで一本一〇〇円のこびんを作った。それを初めて飲んだ。

尚江伝、待たされているせいもある。実際出版社という所は癪に障る所だ。

◇

その日も「社会タイムス」を買って帰った。「近頃のビニール全盛はたいしたもの」と言う記事がある。ビニールは丈夫すぎるので、メーカーでは混ぜ物をして弱くしているという記事で、新製品時代、企業の新競争時代に触れていた。

◇

八月二十八日（木）　午前中創元社、佐古氏、出すとしたら学術的なものだが、商品価値も問題だから、と。それで思ったが、ともかく純学術的なものを一つ書きあげておこうと。創元がだめなら大学で探すという手もあろうし。

さっそく書き出した。暑い。恐れ入った残暑だ。

そうそう、議会解散、総選挙は十月一日だ。ちょっとした緊張を感ずる。打倒自由党！

だが、うるさくなるぞ、世は。学校も始まるし、仕事の目標はできたし、健康第一、栄養を取ることだ。節煙も心がけよう。週刊読売だかに、煙草をのむ人とのまぬ人と寿命に一〇年の差があると。ちょっと疑わしいが、そうとしたら、こりゃあ冗談じゃない。

八月三十日（土）　今日は全くどこにも出ずじまい。尚江伝、悪戦苦闘で、これではたとえ創元が決まっても、簡単には出版できぬ。草稿などなっちゃいない。能力の限界！全然文章が書けぬ。文章を知らない。いな、何も知らないのだ。つくづくがっかりしてしまう。

九月七日（日）　今日で夏休みは終わりだ。都立は一日に始まっているのだから文句は言えぬわけだが、それにしても残念至極だ。

四日午前、創元に電話したら、またまた編集会議がのびたと。有楽町まで歩いて、さてどこに行こうかと思案、文藝春秋に井上を訪う。ビールを飲みつつ語る。尚江伝、営業的にはまず引き受け手はないだろうな、と言う。しかし彼、文春の文化的位置を認識しているから、その言まずは許すべしだ。

井上と別れて銀座通りを日本橋の方へ歩いていたらミス・マーガレット・オブライエンと美空ひばり。いずれもかわいいお方で、町の熱烈な歓迎ぶり。面白い所にぶつかったとは思ったが、ミス・マーガレット・オブライエンとはなに者なのか。聞いたことのない名前。北拓（銀行）に佐藤を訪うて、アメリカの美空ひばりと判明。佐藤と北拓隣のビールガーデンで月を眺めながら。

五日は家で生徒の作文を一〇数枚見たが、結局尚江伝が面白いので、全然ダメ。尚江伝はたしかに面白い。

六日は大学から植村文庫。今日は父が博士になったお祝いだ。

◇

父・山極真衛は「ヘルバルト派における教育的教授論の概念の展開」という論文で文学博士の学位を得た。教育大学の石三次郎教授によれば「有力な先輩諸先生の学園を去った後の出来事で、学位授与第一号、教室はこのことによって一同湧き立った」という。五六歳。大学ではこの五月から教育学部長の職に就いていた。

◇

九月八日（月）　昨日の父のお祝いでお客さん六人。だいぶ飲んで寝てしまい、起きたらガラス戸も開け放しだった。

さて創元にふられた。ずいぶんのばされて、いい加減覚悟が決まっていたのでさほどひびかなかったが、それでもくそ、と言う気はある。

九月二十六日（金）　二十三日は国家の祭日、昼は喜子叔母の親子など親者を呼んで父の文博祝い。三時頃から石井宅で常田、滝田と小コンパ。常田、ＮＨＫ記者として立太子式の日を当てた功労談、国会の話も面白かった。

二十四日は大学。勝山と会い、奥さんに怒られた話を聞く。昨日は目黒。五時間のおまけに文学部。ゲーテ格言集。部には高三から数人加わり、ますます盛況。帰りにいっぱい飲む。若い男二人、にぎやかに選挙の話。

十月二日（木）　昨日は午後投票をして大学。投票は左派社会党の山岸に。顔も人物も何も知らぬが、左社に清き一票を投じたわけ。明治文庫では西田さん大いに語る。

◇

「西田さん」、西田長寿は明治文庫の主任。明治文庫は大正十二年の関東大震災で東大の図書館も全焼、博報堂のもと主人瀬木博尚が大学に一五万円を寄付、その金で昭和二年に開設されたのが法学部所属の明治新聞雑誌文庫。主任になったのが宮武外骨。有名な在野の奇人だった。彼が昭和二十四年に退職した後主任を継いだのが西田さん。西田長寿主任の明治文庫は、東大の中で私にとって最もありがたい、懐かしい所になっていた。しかし西田さん自身の木下尚江に対する評価はあまり高くはないようだった。

◇

十月三日（金）　昨夜一一時からのニュースで、すでに自由党の過半数必至と言う情勢だった。が、かなりへることはへった。社会党両派の進出は目覚ましい。と言っても計百名が良い所。共産党は全滅だ。

◇

昭和二十七年十月、第二五回総選挙。

日本が占領のくびきを脱して初めての総選挙は、投票率七割五分、一〇八〇〇〇票という最大得票者は、追放解除で政界復帰した自由党野党派の鳩山一郎だった。

私が投票した東京五区の山岸は落選したが、左社代議士は一六名から五六名に急増した。

戦後はじめての総選挙は、昭和二十一年四月十日。戦前から数えて第二二回総選挙で、婦人議員三九人が誕生した。また戦後派は社会党が九三名、共産党が四名を獲得した。

第二三回総選挙は、昭和二十二年四月二十五日、社会党が一四三で第一党になり、共産党が四議席。

その次が第二四回で昭和二十四年一月二十三日。民主自由党が二六四の第一党。社会党は四八に激減、共産党が三五と激増した。

そして今回、昭和二十七年十月の第二五回で社会党はもり返し、共産党は全滅したのである。自由党が二〇〇で、改進党が八五、右派社会党は五七、そして鳩山一郎ら追放解除者が一三九名当選していた。

◇

十月十六日（木）　昨日保安隊なるものが生まれた。様々なものが帰ってくる。軍艦マーチが、日の丸が、そして軍隊が。しかし清純な青年の夢は帰ってこない。

運動会の練習で行進曲は軍艦マーチ、高二のダンスは「暁に祈る」だ。日の丸の小旗を打ちうちふるって少女達ははなやかにおどる。昔の幻がよみがえる。

十月二十七日（月）　寒い日だった。気分がとがって、あまり乗気でない授業をしてしまった。

四時間で終わり、そば屋でかつ丼を食い、一時間ほど山本さんとピンポンをして帰った。

今ゴーリキーの「母」を読んでいる。今の私みたいな感受性がにぶくなった人間には、堂々たる長編が良いようだ。「戦争と平和」を読みたい気がしている。とにかくしばらく大作を読もう。

「母」を読んでの感想いろいろあるが、第一に私は到底小説なんか書けないということ。小説を書く能力を身につけるには、五十年や百年の寿命ではどうにもならぬ。結局雑文書きが良い所だ。

十二月十日（水）　「復活」を読んでいる。いろんな意味で興味深い。トルストイの結婚は三四歳、その時相手は一八歳だ。どうだい、Mを待とうか。

十二月十二日（金）　昨日、今日、夜一時間ごとの停電。今八時半ごろ、また九時から消えるはず。「復活」「主人と下男」を読了。一日中家にこもって、本ばかり読んでいた。木下尚江について、いろんな雑誌「歴研」などに投稿してみようか、という気をおこした。

十二月二十四日（水）　カッパフィールドの下巻を読んでいるが、とりわけ面白かったのはドラとの結婚。無論、我がことを頭においてだ。

目黒、本当に今度こそやめようと思う。昨日の職員会議ですっかりいやになった。あれは会議でなくまるで説教会。しかも校長の言うさまざまな愚劣にむかっ腹が立ってどうにも抑えられない。就職難の折から新しい口をさがすのは容易ではなかろうと思うが、どうしてもなかったら、仕方ない。地方落ちかな。

新年になったら早速就職運動開始だ。

昭和二十八年（一九五三）

一月三日（土）　元旦に「木下尚江の生涯」を書きおえた。約一週間かかった。家にこもって少々体が妙になったので、二日の午後は沼沢をたずねたが不在で、細島を訪うたらメッチェンが二人いておったたまげた。

一月六日（火）　四日の午後は伊藤をたずね五日は久松さんを訪う。池袋の三原堂で三〇〇円の菓子折を買って持って行った。こんなことははじめてだ。ちょっと抵抗を感じたが、やってみりゃあ何のことはない。土産はないよりある方がよかろうし、多少の余裕はあるんだからな、で、非常な大仕事を果したような気になった。もう一つは、落合さんに頼むという仕事。こっちの方がやりにくいが、又どこかで土産を買ってもって行こうか。

大体土産なんてものに気がのるようになったのは、父の所にさかんに持ち込まれる為だ。

賀状は一日に三〇数枚。今までに七、八〇枚ぐらい。一日にはいも判をつくって、インクをつけてべたべたと押した。だから去年ほど苦労はしなかった。その中に歌ができた。

元朝の門をいづれば霜原に
初日の光流れかがよう

一月七日（水）　落合さんの家でもさがしておこうか、と番地をたよりに大分歩いた。

もとの第四小学校の横を通って全く変わり果てたうまやの原などに、ちょっとした郷愁みたいなものを感じながら目的の一八〇一番地をさがし歩いたが、見つからず、煙草をすいたくなった頃、「煙草」の看板が目についたので行ってみたら、何と枝川くんのお母さんがすわっている。第四小学校で友人だった枝川君は戦争前になくなった。しばらくの思い出話。

御母さんに教えられて、まっすぐ落合さん宅。先生の御在宅など期待していなかったが、さっそく明日履歴書を持参せよ、という話になった。落合さんは、今新宿高校の校長で、夜学があいている、という。夜学の勤務は、健康的ではない、と落合さんも言っていたが、勉強ができるという点では、この上ない好便だ。

一月八日（木）　新宿高校に落合さんをたずねたら、夜学よりやはり昼間の方が良かろうと、しかし新宿の事情から今度の昼の人事は主任にまかせたいので、他でさがしてくれるということになった。

都立につとめるようになったら、学者とは一応おさらばだ。だから今の中に学者としての業績だけつくりあげておきたい。で「尚江の思想」に少し手をつけた。

一月九日（金）　学校へ行くのが不安なような、楽しみのような、憂うつなような、とにかくいよいよ最後の目黒学園高校と思えば、複雑な思い。

今日は午前中、落合さんの家に履歴書を三通持って行き枝川君の所に小学校時代の写真を一枚届けた。そして後は「尚江の思想」に没頭、すでに十五枚、すごいスピードだ。来週一ぱいで何とか形がつくだろう。

蓄積した資料をあらいざらいはき出してしまいたい。

一月十五日（木）　成人の日で休み。ほとんど「尚江の思想」で費す。三日続きの休みで完成したいと思っていたが、やっぱりそう簡単には参りません。

家永さんが「日本歴史」という雑誌を送ってくれた。

木下尚江に関する短い文章で、最後に私のことにふれていて、全く感激おく能わずという所だ。

一月十八日（日）　この前の火曜日に「ひめゆりの塔」を見た。今井正の作品で、実に見事な、恐らく記録的な、映画としては最高とも言いたい位、だがそれにしても暗い深刻な印象を強烈にやきつけられた。思い出すとたまらない痛みをおぼえる。

沖縄への米軍上陸。女学生部隊の出動、全滅の悲劇まで展開される場景。ぴちぴちとした若鮎のような乙女たちが次々に倒れて行く。

一月二十一日（水）　「尚江の思想」書きあげた。昼頃大学、勝山と吉田精一さんの「破戒」の話を聞く。終わって池袋東横で、私はワイシャツを、勝山は玩具を買った。

一月二十二日（木）　目黒文学部の初会合、「ひめゆりの塔」の話でもしようと思っていたのに、簿記検定の為の補講があるとかで四時までしか時間がなく、写真を渡しただけで終わってしまった。

一月二十三日（金）　久しぶりで明治文庫。「良人の自白について」の資料蒐集。

一月二十四日（土）　石井宅で竹林コンパ。目黒を二時頃出て、人形町でバスを降り、電器屋のテレビにひっかかって相撲を二番見て石井宅に行ったら勝山、滝田はすでに来ていて、石井が伊藤の問題を語っていた。大分たって佐藤、河和、伊藤がそろい、そろそろ散会というころ常田からの電話「顔だけ見たいから」と言う。間もなく階段をかけ上って部屋にはいるや否や、石井が問う「誰になった、幹事長は？」「佐藤だ、佐藤だよ。広川のやつ、むくれやがってな」と常田は言った。

一月二十七日（火）　目黒駅の近くで昼を食い、大学へ行くつもりで電車に乗ったが、ふと木下さんの所で「良人の自白」下を借りてこようと思いつき、小雪交じりの小雨の中を行ったら、「良人の自白」が岩波文庫で出ることになりました、という。めでたい話には違いないが、あるショックを感じた。林広吉氏の解説になるだろうと。

一月三十一日（土）　帰り、男の仲間二人と東横で軽く飲む。Oさんのことを聞く。想像以上の乱れ方だ。

二月六日（金）　久松さんから葉書。東大附属の高校に口がある、とのこと。まず嬉しいことだ。どんな事になるやら皆目わからないが、感情という奴は気が早い。変化があるという事は楽しい。いよいよおさらばとなると、やっぱり心がおどる。だが相当頑張らにゃあなんめえな、目黒の調子ではすまされまい。

二月十日（火）　先週土曜日、五時間目をぬけ出して大学行き、附属高校への紹介状をもらって帰ったが、その日の晃の話で付属校に気が進まなくなってしまった。

月曜、家永さんから手紙。実に驚喜のいたり、出版の見通しがついたというのだ。そこで今日、さっそく商工会館に斉藤氏をたずねたら、「しょうこう病」にかかったと言い、熱心なこと、熱心なこと。原稿用紙をもらい、大いに力づけられ、総合雑誌むきの原稿を書こうとはりきって帰ったら落合さんからの手紙。は、都立北高校に席ありというもの。

少々気にかかるのは時代の成り行き。衆議院の馬鹿問答。自由党の北昤吉が東条ばりの暴論。それに対して岡野文相、柔道は良いの、日本人は優秀だの、特におどろくべきは、戦争を四年間やってきたのは日本人が優秀な証左だと。これが文教の責任者。北昤吉―おや、こいつの名はわがはいの行かんとする都立高と同名だぞ。その北が平野義太郎、清水幾太郎だのいう岩波系の学者が青年を毒しつつある現状を慷慨。戦争に備えて大いに青年の腰をたたかねばならんと叫んだそうだ。馬鹿々々しいと笑えないのが時流。何しろ彼等は絶対多数、何をおっぱじめるかわからぬ連中、こちとらは一小市民、職を追われたらひぼしにならんとも限らず、英雄になるのは御免こおむりたいプチブル・インテリ。あまり有名になるのもよし悪しなんだ。

二月十五日（日）　五十枚の原稿を書くのは容易な事じゃあない。「尚江の思想」をちょっと書いてあったから割合簡単には進んだが、それでもまだ下書き完成とはいかぬ。今日まで六日間ずいぶん頑張って目黒の仕事、おっぽり放しだ。木曜にやった高一の試験もまだ見ていない。つくづく思うが専任となったら事だぜ。少々おじ気がついてきた。

昨日、五時間目の授業を二時間目に直してもらって、付属高へ。どうも気は進まぬ。

今日は一日中原稿書き、他は何もせずだ。

二月二十五日（水）　多忙なりし十日間、くもってうすら寒い午前、ふとんの中で思い出の日記を書く。

昨日は伊藤家の告別式。お母さんがなくなったと聞いたのは二十二日の夕方。二十三日、石井、常田とお通夜に行き、昨日は目黒で三時間の授業をおえて、伊藤家に行き雑用に従う。八時ごろまで。

五十枚の原稿書き終えたのが日曜の夜一時頃。

月曜日、商工会館によって、斉藤氏に原稿手渡して来たが、斉藤氏、有識者に聞いても尚江を知っている人はほとんどいないので、いささかがっかりしている様子。

二月二十六日（木）　文学部で方丈記を終わった所、「先生、今度おやめになるって本当ですか」と。はっとした。まことうわさは早いものである。隠しておくわけにもいかず、うなずいたら、連中しょげこんで、忽ち悲しみの場となってしまった。

二月二十七日（金）　都の試験。映画「罪ある女」を見た。

三月一日（日）　「尚江の文学」の稿を進めている。本当は尚江伝、精を出して書かねばならんのだが、どうも気が進まぬ。

三月三日（火）　昨日、山本氏、奥山氏とピンポンをして新宿へ。大分豪遊したが、私の好きな子を問いつめられて、高一だと答えたら、「じゃあ、Mでしょう」とぴたりと来た。Mのこと、相当のうわさになっているようだ。

三月四日（水）　こんなにぼんやり日を過ごしたことは近頃にない。今日は一日、家にとじこもっていたが、ほとんど何もしないで過ごしたようなもの。

世は様々な事ごと、吉田首相は「バカヤロー」と言って懲罰にひっかかり、それを機に又も自由党の紛争が表面化。広川というたぬき代議士が農相罷免され、水高出の水田という人、経済審議長官となって入閣、それより重大ニュースはスタ公の重態。今度こそはソの発表だから本物だ。だが、それよりも私にとって重大なのは、Mというかわいい女の子のこと。彼女が私に対して師弟間の情愛以上のものをいだいているらしいというニュースだ。

Mよ語れ、あなたの心を。

◇

ソ連のスターリンが三月五日に死んだ。七四歳。日本が降服する直前、八月八日に日本に宣戦を布告、満州進撃を命じ、日本軍人の捕虜多数を使役にした男。

◇

三月二十三日（月）　我が二八歳の誕生日。長いこと放っておいた生徒の作文、もやしてしまおうかとも思ったが気がとがめて、返すことにしたから大奮闘、昨日と今日のほとんどつぶして誤字をなおし、高二には全員に一言ずつ物した。

三月二十五日（水）　昨日終業式、わかれの挨拶をした。今日は卒業式。教えた高三を出すのは始めて。午後に謝恩会。「でかんしよ」をやり、物すごくたくさんのサインをした。泣き出した文学部の三人。山本さんは京都に移るという。京都見物にいらして下さい、と。

三月二十七日（金）　昨日午前中、吉田さんを訪う。「明治大正文学研究」の次の号に載るそうだ。「国語と国文学」にもやがてのせてもらえる由。実にありがたい、幸せ。

午後、北高に行ったら、無事合格とのこと。校長がいなくてある先生が、事務長とかと相談して「通知は来ていますがやはり校長先生からうかがった方が」なんていうもんで、こいつはまずかったかな、とちょっと心配したが。

明後日から長野に法事で行かねばならないし、数日はつぶれるし、尚江伝着手はぎりぎりの三ヶ月前。えらいことになるぞ。しかも北高では枕草子など持たされそうだし、せいぜい栄養をとって頑張らねばならんが、春はぽかぽかねむくなるし、そのうちに梅雨。どうも慄然だな。

岩波文庫で「良人の自白」上が出た。解説などは無しだ。

山極　圭司

日本近代文学研究者。
一九二五年　宮城県仙台市生まれ
一九四九年　東京大学文学部国文科卒。
東京の都立高校教諭などを経て、白百合女子大学文学部教授に。

著書

『木下尚江 一先覚者の闘いと悩み』理論社、一九五五
『昭和史記 黒い雲への道』中央公論事業出版（製作）ペリカン書房、一九七三
『青春の戦史戦後史』史記社、一九七六
『評伝木下尚江』三省堂、一九七七
『ある都立高校の創世記』三省堂選書、一九七九
『人と人びと戸山高校ノート』近代文芸社、一九八四
『徒然草を解く』吉川弘文館、一九九二
『青春三十年 旧制水戸高等学校物語 一九二〇～一九五〇』水戸高等学校同窓会、一九九九

編纂

『革命の序幕 木下尚江言論集』編　創造社、一九五五
『木下尚江全集』全20巻 教文館、一九九一～二〇〇三

戦後史記Ⅰ

平成三十年二月二〇日　初版発行

著者　山極圭司
発行・発売　創英社／三省堂書店
〒一〇一-〇〇五一　東京都千代田区神田神保町一－一
電　話：〇三－三二九一－二二九五
ファクス：〇三－三二九二－七六八七
制作　プロスパー企画
印刷／製本　藤原印刷

ISBN 978-4-88142-334-9 C1030